Diplopie

D1671271

CLÉMENT CHÉROUX ist Fotografiehistoriker, Kurator am
Centre Pompidou und leitender Redakteur der Zeitschrift
»Études photographiques«.

Clément Chéroux

Diplopie

Bildpolitik des 11. September

Aus dem Französischen von Robert Fajen

Konstanz University Press

Titel der französichen Originalausgabe:
Diplopie. L'image photographique à l'ère des médias globalisés: essai sur le 11 septembre 2001.
© 2009 Le Point du Jour

Umschlagabbildung: Roland Fischer, *World Trade Center*, NYC, 1999
© VG BILD-KUNST

Zur Verdeutlichung der Aussage des Autors wurden die Zeitungsseiten, Kunstwerke und andere Objekte als Dokumente reproduziert. Abbildungstitel sind auf den jeweiligen Seiten angeführt.

Bibliografische Information der Deutschen Nationalbibliothek

Die Deutsche Nationalbibliothek verzeichnet diese Publikation in der Deutschen Nationalbibliografie; detaillierte bibliografische Daten sind im Internet über http://dnb.d-nb.de abrufbar.

Alle Rechte, auch die des auszugsweisen Nachdrucks, der fotomechanischen Wiedergabe und der Übersetzung, vorbehalten. Dies betrifft auch die Vervielfältigung und Übertragung einzelner Textabschnitte, Zeichnungen oder Bilder durch alle Verfahren wie Speicherung und Übertragung auf Papier, Transparente, Filme, Bänder, Platten und andere Medien, soweit es nicht §§ 53 und 54 UrhG ausdrücklich gestatten.

© der deutschen Ausgabe Konstanz University Press, Konstanz 2011
(Konstanz University Press ist ein Imprint der
Wilhelm Fink GmbH & Co. Verlags-KG,
Jühenplatz 1, D-33098 Paderborn)

www.fink.de | www.k-up.de

Einbandgestaltung: Eddy Decembrino, Konstanz
Printed in Germany.
Herstellung: Ferdinand Schöningh GmbH & Co. KG, Paderborn

ISBN 978-3-86253-007-6

»Manchmal stottern die Bilder. In unserer Ungeduld glauben wir, sie verstanden zu haben, und wir schneiden ihnen das Wort ab, noch bevor wir ihnen bis zum Ende zugehört haben.«[1]

Pascal Convert

Für G.

Inhalt

Vorwort

»Der Krieg [...] war ein gewaltiges Experiment in sozialer Psychologie. Man gäbe sich einem geschmacklosen Dilettantismus hin, wollte man sich über seine Schrecken dadurch hinwegtrösten, dass man sich über sein Interesse als Versuchsanordnung freute. Aber da der Krieg nun einmal stattgefunden hat, sollte man seine Lehren bestmöglich für unsere Wissenschaft anwenden. Beeilen wir uns, eine Gelegenheit zu nutzen, die hoffentlich einmalig sein wird.«[2]

Marc Bloch

Wer vorhat, ein Buch über die Attentate des 11. September zu schreiben, macht sich zwangsläufig immer ein wenig verdächtig. Lässt man sich darauf ein, so weiß man schon im Voraus, dass einen der Vorwurf treffen wird, sensationslüstern, ja skandalsüchtig zu sein. Wahrscheinlich wird einem sogar vorgehalten werden, man schlachte das Unglück anderer aus oder erliege der Logik eines Verlagscoups. Man kann den Aufschrei der Entrüstung schon hören, das unvermeidbare »zu früh, zu nah«, »wie kann man nur«, »aber das Ganze ist doch unsagbar«. Dieser wohlfeilen Moral sollte man sich jedoch entziehen: Auf dem Feld der Medienreflexion wirkt sie wie eine Schreckgestalt, die das Denken verscheucht; tatsächlich handelt es sich nur um eine Form geistiger Trägheit angesichts der Schwierigkeiten, die heikelsten Momente unserer Geschichte konzeptuell zu durchdringen.[3]

Abgesehen von den Argumenten einer solchen billigen Rhetorik gibt es aber auch einige wirkliche Schwierigkeiten, den 11. September zu fassen. Da ist zunächst die gewaltige Menge an Quellen und Studien, die dem Forscher zur Verfügung stehen und in denen er sich leicht verlieren kann. Weitere Hürden, die den Gedankengang bei jedem Schritt straucheln lassen, sind die komplexen historischen Ereignisse, die außerordentlichen politischen Herausforderungen sowie die emotionalen Spannungen, die immer noch sehr lebendig sind. Und dann ist da auch noch der Eindruck, dass die analytische Tätigkeit immer neben oder diesseits der menschlichen Tragödie stattfindet, dass sie dem Mitleid, das durch gut dreitausend unterbrochene Lebensschicksale hervorgerufen wird, geradezu entgegensteht. Wer – so wie ich – untersuchen möchte, auf welche Weise diese Angriffe auf die Symbole amerikanischer Macht in der Presse dargestellt wurden, der läuft ferner ständig Gefahr, in schlichte Medienkritik oder allgemeinen Anti-Amerikanismus zu verfallen. Ich bin mir hier, an der Schwelle dieses Essays, all dieser Probleme bewusst. Mein Weg wird zweifellos von Fallstricken und Hemmnissen gesäumt sein. Wenn ich ihn dennoch beschreite, dann zum einen, weil ich denke, dass all diese Hindernisse mit ein wenig Wachsamkeit überwunden werden können, und zum anderen, weil ich fest davon überzeugt bin, dass man die Faszination oder Empörung, die die Bilder des 11. September in uns auslösen, bannen sollte.

In seinen *Mythen des Alltags* von 1957 und später auch in seinem Aufsatz »Die Fotografie als Botschaft« aus dem Jahr 1961, erklärte Roland Barthes: »Die traumatische Fotografie (Brände, Schiffbrüche, Katastrophen, gewaltsame Tode ›aus dem wirklichen Leben‹) ist diejenige, über die es nichts zu sagen gibt: Das Schockfoto ist strukturbedingt insignifikant: [k]einerlei Wert, keinerlei Wissen [...].«[4] Die Bilder der Attentate von New York gehören fraglos in diese von Barthes beschriebene Kategorie der Schockfotos. Sie brauchen, um dazu gezählt zu werden, noch nicht einmal eine unmittelbare Spur des Leids oder des Todes zu enthalten; denn sie haben sich gewissermaßen auf natürlichem Wege und in Direktübertragung eingereiht in den langen Zug der Toten, der vom Schmerz entstellten Kinder, der niedergemetzelten, besudelten Körper, die die visuellen Schandmale unseres modernen Elends bilden. Um zu vermeiden, dass diese Bilder, so wie Barthes sagt, »insignifikant«, ohne »Wert« und ohne »Wissen« bleiben, und um ihm eventuell zu widersprechen, ist es entscheidend, sie in historischer Perspektive zu untersuchen. Man muss sich demnach nicht nur fragen, was sie darstellen, sondern auch ermitteln, durch wen sie verbreitet wurden, mit welcher Kenntnis der jeweiligen Situation, oder wie sie wahrgenommen worden sind. Nur unter dieser Bedingung können diese Bilder etwas preisgeben, das nicht mehr lähmend wirkt und in seiner Bedeutung nicht einfach mit Stillschweigen übergangen werden kann.

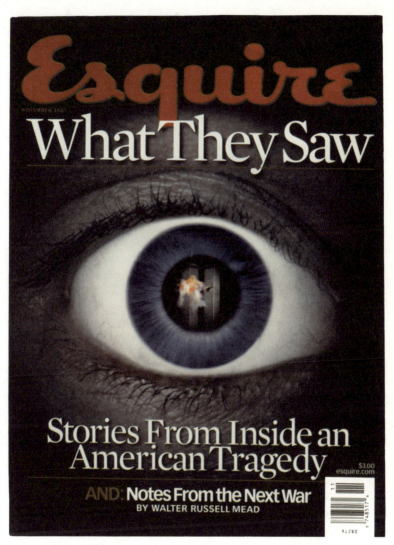

Abb. 1: *Esquire* (USA), November 2001, Titelseite (Collage von Matt Mahurin)

Terrorakte zielen bekanntlich nicht nur darauf ab, Regierungen oder demokratische Prinzipien zu destabilisieren, sondern auch Botschaften zu senden; sie sind Kommunikationsakte, selbst wenn sie die Sprache der Unmenschlichkeit verwenden.[5] Um ihre Ideologie zu vermitteln, greifen Terroristen auf Medien zurück – auf ihre Fähigkeit, die Aufmerksamkeit auf sich zu ziehen, auf ihre Gier nach Gewalt, auf ihre überwältigende und zerstreuende Kraft. Sie nutzen sämtliche Ressourcen der Informationsgesellschaft, um sie gegen diese zu wenden. Neben Geiselnahmen, Autobomben oder Selbstmordattentätern gehören auch die modernen Massenmedien zum Waffenarsenal des Terrors. Die Schlagkraft des Terrorismus beruht zu einem gut Teil darauf, dass das System der Medien erst durchschaut und dann eingesetzt wird. Dementsprechend leicht ist zu verstehen, warum man die Attentate vom 11. September auch im Hinblick auf ihre Medialisierung analysieren sollte. Allein durch ihr Wesen zwingen sie uns, sie als mediale Vorgänge zu betrachten. Eben dies zu tun ist die Absicht des vorliegenden Buches.

Es wird hier folglich nicht darum gehen, die Attentate als solche zu untersuchen. Ich beabsichtige nicht, ihre Gründe zu durchleuchten, ihre Vorbereitung, ihren Ablauf, ihre Folgen. Nur am Rande werde ich die terroristischen Netzwerke streifen, den Gegenschlag der Amerikaner und seine geopolitischen Auswirkungen, die bis heute täglich wahrzunehmen sind. Auch den verschiedenen Verschwörungstheorien, die in jeder Unterhaltung über dieses Ereignis vorgebracht werden, werde ich wenig Beachtung schenken. Und nur selten werde ich von den tausenden Opfern der Angriffe sprechen, obwohl ich während meiner Studien sehr oft und in vielfältiger Weise an sie gedacht habe. Im Mittelpunkt werden vielmehr Bilder stehen, genauer gesagt: unbewegte Bilder. Dabei wird sich das Augenmerk im Wesentlichen auf den Gebrauch der Fotografien in der Presse richten. Ziel dieses Essays ist es also zu fragen, was wir in den Zeitungen vom 11. September gesehen haben. Der Leser möge sich nicht täuschen: In seinen Händen hält er keine Studie über die Attentate, sondern über ihre mediale Repräsentation.

Der vorliegende Essay ist überdies aus einem sehr spezifischen Blickwinkel geschrieben, nämlich dem, in dem ich Sachkenntnis habe, der *Geschichte der Fotografie*. Damit meine ich allerdings weniger eine Geschichte der Fotografie, die sich ausschließlich und punktuell um Aspekte der Technik, um den subjektiven Blick des Künstlers oder um das kümmert, was auf dem Bild unmittelbar zu sehen ist. Eher geht es mir darum, das Medium in seiner ganzen Komplexität zu berücksichtigen, d. h. es als ein System zu sehen, das den Bestimmungen, Interaktionen und Spannungen seiner verschiedenen Bestandteile unterworfen ist. Eine *Geschichte des Fotografischen* also, die sich nicht nur für Fragen der Produktion oder Rezeption interessiert, so wie es in meinem Fach zumeist der Fall ist, sondern die gleichermaßen nach der Verbreitung der Bilder fragt. Und das heißt auch: eine *Geschichte durch Fotografie*, die es erlaubt, den Gebrauch der Bilder und ihre historische Bedeutung besser zu verstehen.[6]

Ein abschließendes Wort noch zum Titel dieses Essays: ›Diplopie‹ ist ein medizinischer Begriff, den ich der Augenheilkunde entnommen habe. Gebildet ist er aus den griechischen Wurzeln *diploos* (doppelt) und *opos* (Auge); er beschreibt eine funktionale Störung des Sehvermögens, bei welcher ein einzelner Gegenstand in Form von zwei Bildern wahrgenommen wird. »Doppelt sehen« ist in der Alltagssprache wohl der Ausdruck, der diese Trübung am besten charakterisiert. Wer am Tag nach dem 11. September mit ein wenig Aufmerksamkeit die Bilder betrachtete, die die internationale Presse veröffentlichte, konnte sich mit gutem Grund fragen, ob er nicht selbst von Diplopie getroffen war, so sehr schienen sich diese Bilder zu spalten und zu vervielfältigen. Sie wiederholten sich von Zeitung zu Zeitung, und jede dieser Zeitungen schien darüber hinaus auch selbst etwas Bestimmtes zu wiederholen. Zahlreiche Kommentatoren berichteten angesichts dieser Bilder, die sofort zu Ikonen erhoben wurden, von dem Gefühl, in einer *Endlosschleife* zu stecken oder ein *Déjà-vu* zu erleben.

Dieses Phänomen ist nicht ganz neu. Seit einigen Jahrzehnten beobachten die Scharfsinnigsten unter den Medienwissenschaftlern, dass Zeitungen immer regelmäßiger dieselben Bilder am selben Tag drucken. Die Fieberkurve dieser Versuchung, sich zu wiederholen, scheint freilich ihren absoluten Höhepunkt mit den Attentaten von New York erreicht zu haben. Gerade in solchen kritischen Zuständen aber – um die medizinische Metapher noch ein wenig weiter zu spinnen – lassen sich die Symptome am besten aufspüren und analysieren. Im Griechischen gehört der Begriff *krisis* zum Fachvokabular der Medizin; er bezeichnet das, was eine Diagnose überhaupt erst ermöglicht. In genau dieser *Optik* wird der 11. September hier gesehen: als *Krise*, die es erlaubt, im gegenwärtigen Bildgebrauch der Presse eine Tendenz zur Wiederholung zu erkennen, einen Hang zur ewigen Wiederkehr, ein wirkliches Krankheitsbild… das der Diplopie.

Endlosschleifen

»[...] [I]ch bin zwar nicht sicher, ob – wie das Sprichwort
behauptet – die Wiederholung von Dingen Wohlgefallen weckt;
aber ich glaube, daß sie zumindest etwas bedeuten.«[7]

Roland Barthes

Bis repetitia…

Minoru Ymasaki, der aus Japan stammende Architekt, der das
World Trade Center entwarf, hatte gute Gründe, nicht einen, sondern zwei Türme zu errichten. Die 800.000 qm, die von der New
Yorker Hafenbehörde in Auftrag gegeben worden waren, hätten
sich nur schwerlich und mit großen baulichen Problemen in einem
einzigen Bauvolumen unterbringen lassen. Die Idee, das Gebäude
zu verdoppeln, hatte unbestreitbare Vorzüge. Sie erlaubte es, den
gesamten erforderlichen Raum zu nutzen und zugleich die ver-
glaste Fläche erheblich zu vergrößern, um so eine umfassende Aus-
sicht auf die Stadt, den Fluss und den Himmel zu ermöglichen. Sie
verlieh dem Bauentwurf zudem eine gewisse Originalität, so dass er
sich mit dem stolzesten Wolkenkratzer von New York messen
konnte: dem Empire State Building. Das World Trade Center
begnügte sich nicht damit, einfach nur höher zu sein, es zählte
darüber hinaus auch noch doppelt.[8]

Welche Gründe auch immer der Architekt gehabt hatte – dass er
Zwillingstürme gebaut hatte, war für die List der Terroristen, d. h.
für die Wahl ihres Ziels entscheidend. Man musste kein Medienex-
perte sein, um zu wissen, dass alle Kameras sich unmittelbar nach
dem Einschlag des ersten Flugzeugs auf das World Trade Center
richten und so den Einschlag des zweiten Flugzeugs aufzeichnen
würden. Der Plan der Terroristen, der mit der Absicht entwickelt
worden war, einen maximalen Medieneffekt zu erzielen, beruhte
im Falle New Yorks also auf der Verdoppelung, die durch die Zwil-

lingsnatur der Türme ermöglicht wurde;[9] er war *für* eine Medialisierung *durch* Wiederholung konzipiert worden.

Zwei Türme, zwei Flugzeuge. Diese Wiederholung, auf die
sowohl der Bauentwurf als auch die Medienstrategie der Terroristen zurückgriffen, prägte auch wesentlich die Fernsehübertragung
der Attentate. In der halben Stunde, die auf den Einschlag des Fluges United Airlines 175 in den Südturm folgte, sendete CNN elf-
mal in Folge die gleiche Sequenz, d. h. im Durchschnitt alle zwei-
einhalb Minuten.[10] Der Einschlag wurde in der Folge noch weiter
verbreitet, häufig abwechselnd mit dem Bild der Rauchwolke, die
sich zunächst über den brennenden Türmen erhob und dann, nach
deren Einsturz, über den ganzen Himmel von Manhattan er-
streckte. Mit oder ohne Ton, in Zeitlupe oder als Standbild, frag-
mentiert, zerteilt, vervielfacht waren diese Bilder, die manchmal zu
Logos umgestaltet wurden, auf Amerikas Bildschirmen allgegenwärtig.

Der Eindruck der Wiederholung wurde noch dadurch verstärkt,
dass die Unterhaltungssender sofort ihr Programm unterbrachen,
um abermals und ohne Unterlass den Nachrichtenkanal der
Mediengruppe zu senden, der sie angehörten. So schreiben Felicity
Barringer und Geraldine Fabrikant in der *New York Times* vom
12. September 2001: »Am Nachmittag übertrugen fast alle Kabel-
kanäle von AOL Time Warner, etwa TBS und TNT, den Nachrichtensender CNN […]. Peter Jennings von ABC News war nicht nur
auf seinem Sender zu sehen, sondern auch in Disneys ESPN«.[11]
Ausgehend von einer beschränkten Anzahl Sequenzen, die unabläs-
sig in einer Endlosschleife wiederholt wurden, begannen diese
Informationskanäle, live und ohne Pause die längsten Nachrichten
der Fernsehgeschichte auszustrahlen – einige von ihnen fast hundert Stunden lang, ohne Werbeunterbrechung. Dieser *replay*-Effekt
wurde noch dadurch verstärkt, dass die wichtigsten amerikanischen *Networks* vom ersten Tag an entschieden, die verfügbaren
Videobilder untereinander aufzuteilen: eine Ausgrenzung der kommerziellen Konkurrenz, die in den TV-Annalen Amerikas ebenfalls
eine Premiere darstellt.[12]

Jeder Sender verbreitete also rund um die Uhr die gleichen Bilder, die überdies denen der anderen Kanäle vollkommen glichen.
Diese identische Simultansendung, die jedes *zapping* sinnlos machte,
fiel auch den Karikaturisten der Presse auf. So zeichnete Nick Anderson für die *Washington Post* einen Vater mit seinem Sohn vor einer

Wand von Bildschirmen, die alle die gleichen Bilder zeigten (Abb. 2). Die meisten Kommentare und Analysen der Berichterstattung im Fernsehen betonten gleichfalls deren repetitiven Charakter und verglichen sie häufig mit einer »zerkratzten Platte«.[13] »Die Türme hörten nicht auf einzustürzen, wieder und wieder – *ad nauseam*«,[14] bemerkte ein Zuschauer. Jean-Luc Godard sprach von »Bildern in Endlosschleife, immer gleich, begleitet vom Gestotter einer Armee von Nachrichtensprechern«.[15]

Abb. 2: Nick Anderson, Zeichnung in der *Washington Post* (USA), 15. September 2001, S. A27

Gleichförmigkeit der Titelseiten

Ein ähnliches Phänomen visueller Wiederholung ist auch in der amerikanischen Presse zu beobachten. Ein Leser, der sich am Tag nach den Attentaten zu einem Kiosk begab und dabei auf die Bilder achtete, musste sofort bemerken, dass auf den Titelseiten der meisten Tageszeitungen die immer gleichen Fotografien zu sehen waren. Diese andere Form bildlicher Repetition, die sehr viel weniger aufdringlich war als die Endlosschleifen des Fernsehens, wurde nur selten kommentiert und fast gar nicht untersucht.[16] Auch sie ist indessen eine erwiesene Tatsache, wie die folgende statistische Analyse der Bild-Rekurrenzen auf den Titelseiten amerikanischer Zeitungen zeigt.

Diese Untersuchung stützt sich auf ein Korpus von 400 Titelseiten amerikanischer Zeitungen vom 11. und 12. September.[17] Warum nur die beiden ersten Tage? Weil sie dem Höhepunkt des Ereignisses entsprechen. Wie Medienspezialisten wissen, sind die Funktionsweisen der Presse, ihre Mechanismen, Automatismen und Schwachpunkte in Zeiten der Krise besonders gut zu erkennen.[18] Warum aber ausschließlich die Bilder der Titelseiten? Weil sie die sichtbarste Manifestation eines anderen Höhepunktes sind. Aufgrund ihrer visuellen Wirksamkeit, ihres symbolischen Vermögens und ihrer Evokationskraft sind die Fotografien der ersten Seite echte Sinn-Kondensate, die für die Redaktionen, die sie ausgewählt haben, das Wesentliche des Ereignisses ausmachen. Diese gleichsam gesteigerte Situation der Wahl bietet der Analyse weitere Vorteile; denn sie erlaubt es nicht nur zu verstehen, wie die Presse die Attentate wahrgenommen hat, sondern auch wie sie diese hat darbieten wollen.

Die Zusammenstellung der Titelseiten wurde durch mehrere amerikanische Organisationen ermöglicht: das Poynter Institute, das Newseum, das September 11 News.com, die auf der ganzen Welt Zeitungsmeldungen über die Attentate gesammelt haben. Dieses Material ist heute in seiner Gesamtheit auf den Internetseiten oder Veröffentlichungen der jeweiligen Organisationen zugänglich.[19] Ihrem Anspruch, Instrumente zur Erschließung von Quellen oder Informationen zu sein, werden diese Seiten und Publikationen freilich nicht gerecht. Wer sie zu Rate zieht, erfährt fast nichts über die Attentate. Es geht weniger um das Bereitstellen von Informationen als um das Anhäufen an sich; die kompilatorische Intention, die diese Unternehmungen geprägt hat, verweist offensichtlich auf den akkumulativen Reflex des Sammlers, nicht aber auf den Willen zur Synthese, den ein Journalist oder Historiker an den Tag legen würde.

Kaum ein Ereignis der Vergangenheit hat ähnlich rasch und umfassend zu solchen Sammlungen von Titelseiten angeregt. Dies ist in doppelter Hinsicht symptomatisch. Einmal kann man darin ein Zeichen dafür erkennen, dass etwas Ungewöhnliches in der Gestaltung der Titelseiten passiert sein muss, etwas, das an sich bemerkenswert ist, unabhängig vom Ereignis, und das deshalb für würdig befunden wurde, aufbewahrt zu werden. Verschiedene Presseanalysten haben in der Tat festgestellt, dass der 11. September ein zutiefst visuelles Ereignis gewesen ist und dass dem Bild daher eine herausgehobene Rolle auf den ersten Seiten der Zeitungen eingeräumt wurde. Die meisten haben einfach das Hauptfoto vergrößert, einige so sehr, dass es den gesamten Raum einnahmen und alle anderen Titel oder Nachrichten nach innen verschob, eine Aufmachung also, die dem Magazin näher kommt als der Zeitung. In Frankreich haben einige Zeitungen wie *Libération* oder *L'Humanité* diesen visuellen Gestaltungsmodus noch einmal gesteigert, indem sie eine Panoramaaufnahme auswählten, die wie ein Umschlag die Vorder- und Rückseite der Zeitung umfasste.

Die Sammlung ist indes auch in anderer Hinsicht zeichenhaft. Man sammelt nur das, was sich wiederholt. Ein ernsthafter Sammler trägt seine Gegenstände nicht nach dem Prinzip der Unterschiedlichkeit zusammen, sondern häuft an, was sich ähnelt, was in ausreichendem Maße gleichförmig ist, um Teil einer Serie zu werden. Dass die Titelseiten des 11. September auf diese Weise gesammelt wurden – besonders auch von Privatpersonen, wie regelmäßige Verkaufsaktionen auf ebay.com zeigen –, ist ein erster Hinweis auf ihre Gleichförmigkeit.

Bildtypen

Allein durch ihre Existenz verweisen die Sammlungen der Titelseiten also auf den repetitiven Charakter der Berichterstattung über die Attentate; sie ermöglichen es darüber hinaus aber auch, diese Rekurrenz der Bilder statistisch zu belegen. Gewiss mag es ein wenig seltsam wirken, eine solche Tragödie der Statistik zu unterwerfen. Sobald das Korpus jedoch geordnet und strukturiert wird, offenbart es eine höchst signifikante innere Kohärenz. Die Statistik dient hier mit anderen Worten als heuristisches Werkzeug, mit dessen Hilfe man – sehr viel effektiver als es in einer Interviewserie mit den Bildredakteuren der Zeitungen möglich wäre – die Mechanismen erkennen kann, die bei der Wahl der Fotografien wirksam waren. Sie verdeutlicht zunächst einmal, dass innerhalb der Gesamtheit der verfügbaren Bilder auf den Titelseiten der amerikanischen Zeitungen des 11. und 12. September sechs Motive besonders bevorzugt wurden.

1. Fast die Hälfte der Titelseiten, genauer gesagt 41 %, zeigt Bilder mit dem Feuerball, der durch die Explosion der Kerosintanks des Fluges 175 bei seinem Einschlag in den Südturm ausgelöst wurde (Abb. 3).

2. Mit nur 17 % folgen Bilder der Rauchwolke, die sich in den klaren Himmel von Manhattan erhob, als die Türme brannten und nachdem sie eingestürzt waren (Abb. 4).

3. Die amerikanischen Zeitungen am Tag nach den Attentaten bevorzugten Bilder mit Ruinen: 14 % (von denen 13 % am 12. September erschienen) geben den Überrest des Turms wieder, ein schwankendes Gerippe, welches aus den Schuttbergen von Ground Zero herausragte und von der Armee der Freiwilligen, die

Abb. 3: Zwölf Titelseiten amerikanischer Tageszeitungen vom 11. und 12. September 2001 (Fotografie von Spencer Platt; Agentur: Getty Images)

dort arbeitete, sehr bald »potato chip« oder, etwas weniger prosaisch, »Seemuschel« genannt wurde (Abb. 5).

4. Andere Bilder, die sehr häufig gedruckt wurden, zeigen das Flugzeug, wie es sich kurz vor dem Einschlag den Türmen nähert. Diese Bilder wurden auf 13,5 % der Titelseiten veröffentlicht, mehr als die Hälfte davon in Form eines Fernsehstandbildes (Abb. 6).

5. Auf 6 % der amerikanischen Titelseiten finden sich Szenen der Massenpanik in den Straßen von Lower Manhattan. Die am häufigsten abgedruckten Bilder präsentieren die Menschenmassen, welche der durch den Einsturz der Türme ausgelösten Staubwolke – der »killer cloud«, wie die Presse sie nannte – zu entkommen suchen (Abb. 7).

6. Ein Bild schließlich, das an den beiden ersten Tagen mit 3,5 % nur wenig präsent ist, wird in den folgenden Wochen

Abb. 4: *The Washington Times* (USA), 12. September 2001, Titelseite (Fernsehstandbild des Senders ABC; Agentur: Associated Press)

eine besondere Bedeutung als Gedenkbild erlangen. Es stellt drei Feuerwehrleute dar, die die amerikanische Flagge auf den rauchenden Trümmern des World Trade Center hissen (Abb. 8).

Jede dieser Kategorien setzt sich aus Bildern zusammen, die sich hinsichtlich der Einstellung, des Blickwinkels und des dargestellten Moments mehr oder weniger stark ähneln: Insgesamt sind es dreißig. Das Näherkommen und der Einschlag des Fluges 175 wurden von mehreren Standpunkten aus fotografiert. Es gibt auch verschiedene Typen von Wolken: Die schwarzen Rauchsäulen, die aus den brennenden Türmen dringen, unterscheiden sich grundlegend vom Rauchpilz aus Staub und Schutt, der durch ihren Einsturz verursacht wurde, und dieser unterscheidet sich wiederum von der dichten, grauen Wolke, die Manhattan im weiteren Verlauf des Tages einhüllte. Das Gleiche gilt auch für die Feuerwehrmänner, die das Sternenbanner hissen; diese Szene wurde mit mehreren Sekunden Abstand, einmal frontal und einmal von oben, von zwei verschiedenen Fotografen aufgenommen (die Liste ließe sich fortführen). Doch trotz ihrer formalen Differenzen stellen diese Foto-

Abb. 5: *The News & Observer* (USA),
12. September 2001, Titelseite (Fotografie von Shawn Baldwin; Agentur:
Associated Press)

grafien die gleichen Themen dar, nämlich die Explosion, die Wolke, das Flugzeug, die Ruine, die Panik und die Flagge. Sie konstituieren in diesem Sinne kohärente Kategorien von Bildtypen.

Man muss nun in dieses Korpus die Zeitdimension wieder einführen, die durch die statistische Hierarchisierung getilgt wurde. Denn jede dieser Bildkategorien entspricht einem der Höhepunkte, die die Redaktionen ausgewählt haben, um das Ereignis zu erzählen, und fügt sich dementsprechend in eine bedeutungsvolle narrative Sequenz ein. Die Erzählung beginnt mit einem Flugzeug, das zu tief über New York fliegt: die Anfangsphase, das erste Anzeichen des Angriffs. Darauf folgt das Attentat selbst, dessen Plötzlichkeit durch die Explosion der Tanks von Flug 175 dargestellt wird, als dieser gegen den Südturm prallt. Dann geht es um die Auswirkungen: die unmittelbaren, mit den Szenen städtischer Panik, und die ungewissen, mit dem Schleier aus schwarzem Rauch, der die Tragweite der Schäden noch verdeckt. Als diese zum Vorschein kommen, nachdem sich der Staub gelegt hat, ist nur noch ein gewaltiges Ruinenfeld übrig, auf dem sich die winzigen Silhouetten einiger Feuerwehrleute bewegen. Diese erste Sequenz endet mit dem hochsymbolischen Bild der Flagge, die sich über den Trümmern erhebt: Die Zeit der Verzweiflung ist vorbei, Amerika richtet sich auf.

Es handelt sich um ein relativ traditionelles Erzählschema: überraschender Angriff, Gewalt des Zusammenstoßes, allgemeine Panik, Furcht vor einem Ereignis, dessen nähere Umstände unbekannt sind, Zusammensturz und schließlich erneutes Wiedererstarken. Jede Phase dieser Medienerzählung entspricht einem Moment in der Chronologie der Wahrnehmung des 11. September. Wäre es möglich, die exakte Uhrzeit zu kennen, zu der jedes Titelbild ausgewählt wurde, und diese Information an die Zeitzonen-Position der jeweiligen Zeitung zu koppeln, dann wäre es wohl wahrscheinlich, dass die Neuordnung des Korpus nach diesen beiden Parametern insgesamt der narrativen Sequenz entspräche, die eben beschrieben wurde. 94,5 % der Ruinen-Bilder und sämtliche Flaggen-Bilder wurden im Übrigen am 12. September veröffentlicht; die Ausgabenfolge einiger Zeitungen entspricht überdies sehr genau dem chronologischen Ablauf. So titeln die *Dallas Morning News*, die *Las Vegas Sun*, der *Orange County Register* und die *San Antonio Express-News* am 11. mit dem Bild einer Explosion und am 12. mit dem einer Ruine. Auch als die Zeitspanne sich etwas weitet, passt die Erzählkette immer noch: Tageszeitungen wie *The Day* oder die *Los Angeles Daily News* drucken am 12. eine Explosion, am 13. eine Ruine und am 14. eine Flagge. Vermutlich würde eine Ausweitung der Statistik über die ersten Tage hinaus neue Bildtypen ergeben, die andere Erzählfolgen bilden – das Gesicht Osama Bin Ladens, die Fahndungsfotos der Terroristen, die Szenen kollektiver Trauer usw.

In der statistischen Analyse der Titelseiten der ersten beiden Tage muss noch eine kleine Gruppe unterschiedlicher Bilder berücksichtigt werden, denen bisher wenig Aufmerksamkeit geschenkt wurde. Ihre Andersartigkeit ist zweigeteilt: Zum einen gibt es einzelne Fotografien (Abb. 9: Andere), die die kanonischen Themen zwar aufnehmen und insofern der Kategorie der Bildtypen zuzuordnen sind, die aber wegen ihrer visuellen Wirksamkeit oder wegen des Vertriebsnetzes sehr viel seltener gedruckt wurden. Zum anderen stößt man auf untypische Fotografien (Abb. 9: Verschiedene), die keinem der üblichen Gegenstände zuzuordnen sind: beispielsweise eine Tankstelle auf der Titelseite des *New Herald*, eine Gruppe betender Menschen auf der ersten Seite der *News-Gazette* oder einige Bilder des Pentagons auf den Umschlagblättern der Zeitungen, die in Washington erschienen.[20] Zusam-

Abb. 6: *Daily News* (USA), 12. September 2001, Titelseite (Fernsehstandbild des Senders ABC; Agentur: Associated Press)

Abb. 7: *The Salt Lake Tribune* (USA), 12. September 2001, Titelseite (Fotografie von Suzanne Plunkett; Agentur: Associated Press)

mengerechnet machen diese untypischen oder singulären Titelfotos aber nur 14 % des untersuchten Korpus aus. Das bedeutet, dass 86 % – also fünf Sechstel – der Darstellung der Attentate auf den Titelseiten der amerikanischen Zeitungen vom 11. und 12. September in nur sechs Bildtypen erfolgte, die sich auf dreißig verschiedene Bilder verteilten.

Allgegenwart der Wolke

Dieser ikonographische Mangel wird durch die vielen Gemeinsamkeiten zwischen den Bildern noch zusätzlich gesteigert. Nahezu alle Fotografien haben das World Trade Center zum Gegenstand. Von den 400 analysierten Titelseiten geben nur vier das Pentagon und kein einziges die Absturzstelle des Fluges 93 in der Nähe von Pittsburgh wieder. Die sechs Bildtypen sind überdies dadurch gekennzeichnet, dass sie nur selten Menschen zeigen. Stattdessen dominiert – gleichsam metonymisch – das Leid des Gebäudes: das World Trade Center wird getroffen, verwundet und zuletzt vernichtet. Neben der Einheit des Ortes offenbart die statistische Organisation des Korpus auch eine gewisse formale Häufung. In den sechs Gruppen kommt die Wolke als Form am häufigsten vor. Sie prägt die beiden Hauptkategorien der Titelseiten: in Gestalt der Feuerwolke, die durch die Explosion der Tanks des Fluges 175 ausgelöst wurde, und in Gestalt der Rauchwolke über Manhattan. Obwohl sie nicht den Hauptgegenstand dieser Bildtypen bildet, ist die Wolke auch im Hintergrund auf den Fotografien mit dem Flugzeug zu sehen, das sich den Türmen nähert, oder in den meisten Szenen städtischer Panik, die durch sie ausgelöst wurde. Auf den Bildern mit den Ruinen oder auf denen mit den Fahnen ist sie immer noch nicht vollständig verschwunden. In unterschiedlicher Gestalt – trüb oder durchsichtig, grau-schwarz oder rot-orange – ist die Wolke als Form auf den Titelseiten der amerikanischen Tageszeitungen vom 11. und 12. September also allgegenwärtig.

Diese Präsenz der Wolken in der Presse-Darstellung der Attentate sollte genauer analysiert werden. Warum hat man diese Wahl getroffen? Um sie zu verstehen, ist es notwendig, noch einmal zur Berichterstattung des Ereignisses im Fernsehen zurückzukehren. Wie bereits festgestellt wurde, zeigten die amerikanischen TV-Sender am 11. September besonders häufig Bilder vom Einschlag des

Abb. 8: *New York Post* (USA), 13. September 2001, Titelseite (Fotografie von Thomas Franklin; Agentur: Associated Press)

Explosion

14   5,5   5   4   3

Wolke

4,5   3   2,5   1,5   1

Ruine

4,5   1,5   1,5   1   1

Flugzeug

8   2,5   1,5   1   andere Flugzeuge   0,5

Panik

3,5   1,5   0,5   andere Panik   0,5

Flagge

3   0,5   andere Flaggen   0

Verschiedene

5   Verschiedene

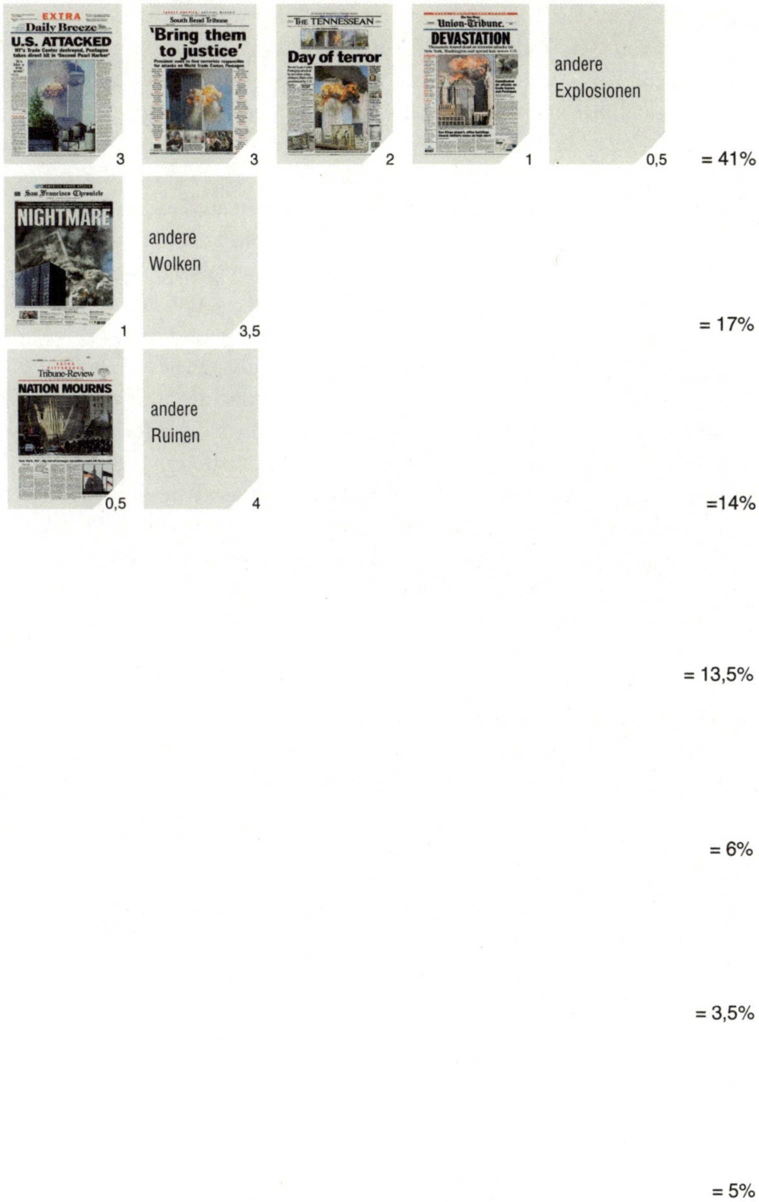

EXTRA
Daily Breeze
U.S. ATTACKED
3
South Bend Tribune
'Bring them to justice'
3
THE TENNESSEAN
Day of terror
2
Union-Tribune.
DEVASTATION
1
andere Explosionen
0,5
= 41%
San Francisco Chronicle
NIGHTMARE
1
andere Wolken
3,5
= 17%
Tribune-Review
NATION MOURNS
0,5
andere Ruinen
4
=14%
= 13,5%
= 6%
= 3,5%
= 5%

Abb. 9: Übersicht über die Bildtypen, die auf den Titelseiten der amerikanischen Tageszeitungen vom 11. und 12. September 2001 erschienen

Fluges 175 in den Südturm und von der Rauchwolke über dem
Himmel von New York. Es handelt sich dabei um zwei ganz unterschiedliche Register des Mediums. Die erste Sequenz, die schnell
und spektakulär ist, wurde in zahlreichen Wiederholungen in
Form von sehr kurzen Einblendungen ausgestrahlt, häufig in Vergrößerung, in Zeitlupe oder als Standbild. Die zweite Sequenz, die
im Allgemeinen aus der Distanz gefilmt wurde und aus langsamen
Bildern ohne Höhepunkt besteht, wurde ebenfalls sehr häufig
gesendet, allerdings auf ganz andere Weise. Fast den ganzen Tag zu
sehen, diente sie als Hintergrund, auf dem sich das Laufband mit
den Eilmeldungen, das Gesicht der Kommentatoren und manchmal auch andere Bilder festsetzten. Rein quantitativ gesehen, d. h.
also, wenn man die Dauer der Ausstrahlung betrachtet, war das
Bild der Wolke sichtbarer als das des Flugzeugs. Doch das Bild, das
am häufigsten zu sehen war, war nicht das wirksamste. Eine Mei-
nungsumfrage, die kurze Zeit nach den Attentaten stattfand, ergab,
dass drei von fünf Fernsehzuschauern von der Sequenz mit dem
Flugzeug stärker beeindruckt war.[21] Im Fernsehen scheint demnach
dieses Bild das Emblem des 11. September gewesen zu sein. Für die
Presse war die Wahl der Nachrichtensender auf verschiedenen Ebenen entscheidend.

Als die Redaktionen der Tageszeitungen begannen, die verfügbaren Bilder für die Titelseiten zu sichten, wussten sie, dass ihre
abendlichen oder morgendlichen Leser bereits mehrere Stunden
vor ihrem Fernsehapparat verbracht hatten. Das Bild des Flugzeugs, das in den Turm einschlägt, hatte sich in ihren Augen bereits
als TV-Ikone des 11. September durchgesetzt. Dies veranlasste sie,
ein anderes Bild zu wählen. Wie die Statistik deutlich macht,
wurde so die Wolke als Form für die Mehrheit der Titelseiten verwendet: genau 58 %, wenn man die Feuerwolke und die Rauchwolke zusammenrechnet, während nur 13,5 % der Zeitungen das
Bild des Flugzeugs auf der ersten Seite veröffentlichten – mehr als
die Hälfte von ihnen in Gestalt eines Fernsehstandbildes, so als
ginge es darum, weniger die Attentate als ihre Medialisierung darzustellen. Die Wolke dem Flugzeug vorzuziehen war also für die
Printmedien zuallererst ein Mittel, sich vom Fernsehen abzugren-
zen.

Auch ein formaler Aspekt war entscheidend. Das Bild des Flugzeuges, das sich in den Turm verkeilt, ist grundsätzlich ein Bewe-
gungsbild, das nur in der Dauer des Zusammenstoßes funktioniert

und ein Großteil seiner visuellen Wirksamkeit verliert, wenn es festgefroren wird. Dies ist ein weiterer Grund für die Bevorzugung der Wolke, die auch als starres Bild ihre ganze graphische Kraft entfaltet. Es fällt in diesem Zusammenhang auf, dass einige Zeitungen oder Magazine ein Foto der Wolke in Großformat publizieren, während sie jenes mit dem Flugzeug an den Rand in einen kleinen Streifen verbannen, der als Sequenz die Bewegung zu simulieren sucht.[22] Dies belegt, dass das »Spektakuläre« eines Bildes nicht das Gleiche ist in Fernsehen und Presse. Auch dies war bestimmend für die Auswahl der Titelseiten des 11. September.

Dokumentarisch oder symbolisch?

Die Entscheidung der Zeitungen für das Bild der Wolke ist zweifellos von einem dritten Kriterium entscheidend beeinflusst worden. Es wird durch eine Diskussion über die graphische Gestaltung der Titelseiten, die auf der Internetseite des Poynter Institute wiedergegeben ist, besonders deutlich vor Augen geführt. In dieser Debatte, die am 25. September 2001 online gestellt wurde und den vielsagenden Titel »Frau Zukunft und der Höhlenmensch« trägt, stehen sich Monica Moses, eine auf die Gestaltung von Printmedien spezialisierte Dozentin des Poynter Institutes, und Jim Naughton, der Präsident der Einrichtung und ein renommierter Journalist, gegenüber.[23] Für Moses haben die Tageszeitungen ein Problem mit den Bildern: Die jungen Leute läsen nicht mehr Zeitung, weil sie den Eindruck hätten, diese wiederhole nur das, was sie bereits am Vortag im Fernsehen gesehen hätten. Diese Unbeliebtheit bei jungen Lesern könne durch attraktivere Titelseiten eingedämmt werden: durch ein schlankeres Layout, ein kühneres Schriftbild, durch stärkere Bilder. In Moses' Augen folgen einige Titelseiten des 11. September dieser Dynamik, nämlich jene, die in einem schlichten Layout der Fotografie den Vorrang einräumten, den Text auf einige zusammenfassende Titel reduzierten und den Leitartikel und die informierenden Artikel auf die folgenden Seiten verdrängten. Solche Titelseiten sind, wie Moses selbst sagt, »eher attraktiv als dokumentarisch«.[24]

Für Naughton soll die Titelseite dagegen mehr sein als ein »simple poster«, das die Aufmerksamkeit der Leser weckt. Ihre Funktion sei es, Informationen zu resümieren, sie zu ordnen und ihre

Abb. 10: Auf Fotografien des 11. September eingefügte Schemata, welche die Präsenz von Gesichtern in den Feuer- und Staubwolken des Brandes bzw. Einsturzes der Twin Towers beweisen sollen, Zusammenstellung von Bildern verschiedener Internetseiten, 2001–2005

Bedeutung zu kodieren, um sie verständlich zu machen. »Es spielt keine Rolle, ob man die Nachrichten bereits im Fernsehen gesehen hat. Die Printmedien können sie noch einmal mitteilen, und dies bisweilen besser, indem sie Kontext, Breite, Tiefe und vor allem Dauer hinzufügen«.[25] Naughton zufolge sollte die Titelseite eine Art Kondensat des Informationsmaterials sein, welches noch zwanzig Jahre später als historisches Dokument dienen kann. Was Naughton und Moses unterscheidet sind – jenseits der Generationen, denen sie angehören – zwei diametral entgegengesetzte Auffassungen von der Titelseite: die eine ist dokumentarisch, die andere eher symbolisch. Was das Layout, die Textpräsenz und den Wiederholungseffekt im Verhältnis zur Fernsehberichterstattung angeht, so scheint sich bei der Ausarbeitung der Titelseiten des 11. September die traditionelle, von Naughton verteidigte Konzeption behauptet zu haben. Doch bei der Wahl der Bilder hat sich die symbolische Option durchgesetzt – so als hätte der Verjüngungsprozess bei der Gestaltung von Printmedien, für den Moses eintrat (Titelseiten, die »eher attraktiv als dokumentarisch« sind) zwar bereits begonnen, bislang aber nur die Fotografien erfasst.

Die Privilegierung der Wolke fügt sich vollkommen in diese Tendenz zum Symbolischen ein. Die meisten Bilder auf den Titelseiten des 11. September genügen schwerlich den Forderungen nach Klarheit und Lesbarkeit, die an die dokumentarische Fotografie gestellt werden.[26] Ob als Feuerball, Rauchsäule oder dichter Nebel, die allgegenwärtige Form der Wolke schiebt sich immerzu zwischen das Ereignis und seinen Betrachter. Sie lässt die Stadt unter Staub und Asche ersticken, löst die architektonischen Formen auf und versperrt teilweise ganz und gar die Sicht. Sie funktioniert wie ein Schutzschirm, der die unmittelbaren Folgen des Attentats verbirgt. Die Fotografien, die diese Form der Wolke festgehalten haben und dann auf der Mehrzahl der Titelseiten abgedruckt wurden, sind nicht sehr genau. Sie vermitteln eher Vorstellungen als Informationen, helfen kaum, das Ereignis verständlicher zu machen. »Tatsächlich«, schreibt Anne Battestini, »sind die Bilder der Titelseiten [...] nicht sehr instruktiv; sie bringen nichts Neues über das Ereignis. Die Fotografien der Titelseiten haben einen anderen Status. Sie sind unmittelbar im Symbolischen verankert«.[27]

Wegen ihres geringen dokumentarischen Werts lassen sich diese Bilder sehr leicht symbolisch aufladen. In den meisten Kulturen ist die Wolke ein Zeichen der Uneindeutigkeit. »Die Wolke verweist symbolisch auf verschiedene Aspekte, von denen die meisten etwas mit ihrer undeutlichen und schwer definierbaren Natur zu tun haben«, erklären Jean Chevalier und Alain Gheerbrant in ihrem *Dictionnaire des symboles*.[28] Weil die Form der Wolke ungenau, verwischt und diffus ist, bleibt ihre Symbolik grundsätzlich offen. Es ist eine alte Erkenntnis der Psychologie, dass Wolken genauso wie Tintenflecken hervorragende Projektionsflächen darstellen. So entwickelte der Amerikaner William Stern in den dreißiger Jahren des 20. Jahrhunderts mit Hilfe fotografierter Wolkenformationen einen Persönlichkeitstest, der jenem von Rorschach ähnelt.[29] Im Falle der Wolke vom 11. September war die symbolische Bedeutungspalette besonders verworren, so sehr, dass einige Beobachter in den Windungen der Rauchsäule das Antlitz des Teufels oder Bin Ladens zu sehen glaubten... – als ob sich die Signatur des Urhebers in die sichtbarste Folge des Ereignisses eingezeichnet hätte.

Diese »visuellen Gerüchte« begannen kurz nach den Attentaten im Internet zu zirkulieren und wurden im Folgenden von der Presse in zahlreichen Artikeln, Skizzen und Fotomontagen aufgegriffen, von denen einige als Titelbilder von Magazinen und Tageszeitungen dienten (Abb. 10 bis 12).[30] Es lässt sich schwer entscheiden, ob sie von Spaßvögeln stammten, die dem Ernst der Lage mit wenig Respekt begegneten, oder von Personen, die wirklich an solche »Erkennungszeichen« glaubten (dies ist ein möglicher Sinn des lateinischen *symbolum*), die von den Ereignissen selbst gegeben wurden. Sicher aber ist, dass diese Interpretationen die weitgefächerte symbolische Deutbarkeit der Wolke als Form belegen. Für die Printmedien war dies überaus bequem; denn das unbestimmte Wesen der Wolke, ihre diffuse Form, erlaubten es nicht nur, den Zustand der Verwirrung auszudrücken, in dem Amerika sich an jenem Tag befand, sondern auch eine journalistische Tätigkeit zu beschreiben, die in diesen Momenten zwangsläufig ungenau sein musste. So deutet die Wolke, die auf den meisten Titelseiten des 11. September zu sehen ist, auch auf ein Zögern bei der Analyse hin, auf eine Aufhebung der Urteilsfähigkeit; sie scheint demjenigen, der sie anblickt, zu sagen: »Warten wir ein wenig, bis der Staub und die Asche sich gelegt haben, bevor wir anfangen, Vermutungen anzustellen.« Das Bild der Wolke gestattete es also, sich vom Fernsehen abzuheben, und entsprach dabei den visuellen Codes der Printmedien; es war darüber hinaus aber auch durch eine symbolische Offenheit charakterisiert, die seinen Gebrauch in jedem Kontext ermöglichte. Dies sind einige Gründe – andere werden im zweiten Teil dieser Untersuchung aufgeführt –, die erklären, warum dieses Bild auf den Titelseiten der Zeitungen vom 11. September allgegenwärtig war.

Das Paradox des 11. September

Die Uniformität der fotografischen Darstellung des 11. September, von der die Allgegenwart der Wolke zeugt, beschränkte sich keineswegs ausschließlich auf die amerikanische Presse. Shahira Fahmy, die in ihrer Dissertation die Bildwahl der *International Herald Tribune* und der *Al-Hayat* verglichen hat, kommt zu dem Schluss, dass beide Zeitungen sich alles in allem für die gleichen Fotografien entschieden haben, um über die Attentate zu berichten. »Man hätte erwarten können«, schreibt sie, »dass die englischsprachigen und die arabischen Zeitungen die Ereignisse in grundlegend verschiedener Weise darstellten, doch die bestimmenden Bilder der Titelseiten waren die gleichen.«[31] Einige Umfragen in den britischen und deutschen Printmedien sowie eine etwas weiter gehende Statistik zu französischen Publikationen zeigen, dass dieselben Bildtypen auch auf den Titelseiten der europäischen Presse erschienen.[32] Das Phänomen der Uniformierung ist also nicht auf die amerikanischen Zeitungen begrenzt, es ist vielmehr staatenübergreifend (Abb. 13 bis 15).

Die ausgeprägte Einheitlichkeit der Titelseiten des 11. September bildet den Höhepunkt eines Uniformierungsprozesses, der in der internationalen Presse auch die übrigen Zeitungsseiten ergriffen hat. Diese Homogenität ist kein neues Phänomen. Seit einigen Jahren beobachtet man in den Printmedien eine Standardisierung

Abb. 11: *The Toronto Sun* (Kanada), 11. September 2002, Titelseite (Fotomontage von Donato)

Abb. 12: *Le Nouvel Observateur* (Frankreich), 20.–26. September 2001, Titelseite (Fotomontage, basierend auf Fotografien von Yan und Tannen Maury)

Abb. 13: *Asharq al-Awsat* (saudische Zeitung, erscheint in London), 12. September 2001, Titelseite (Fernsehstandbild des Senders ABC; Agentur: Associated Press). Abb. 14: *Le Soir* (Belgien), 12. September 2001, Titelseite (Fotografie von Spencer Platt; Agentur: Sipa via Associated Press). Abb. 15: *Reforma* (Mexiko), 12. September 2001, Titelseite (Fernsehstandbild des Senders ABC; Agentur: Associated Press)

der Bildinhalte, die sich besonders deutlich in der Auswahl von ähnlichen, ja sogar identischen Titelseiten offenbart. Ein besonders prominentes Beispiel ist das Foto, das Hocine Zaourar im September 1997 nach dem Massaker von Bentalha in Algerien schoss und das damals auf den Titelseiten von mehr als 700 Tageszeitungen in aller Welt veröffentlicht wurde (Abb. 16).[33] Allerdings war in diesem besonderen Fall die Anzahl der Bilder, die vor Ort aufgenommen wurden, eher gering, während sie bei den Attentaten von New York besonders reichhaltig war.

Zahllose Objektive wurden an jenem Tag auf die Zwillingstürme gerichtet, nicht nur von ganz verschiedenen Standpunkten aus – von der Straße, aus Fenstern, von Dächern, aus der Luft –, sondern auch aus den Blickwinkeln der unterschiedlichsten Beobachter: professioneller Fotografen (unter Vertrag oder *free-lance*) genauso wie Amateure (Touristen oder New Yorker), die auf diese Weise, erstmals und noch vor dem südostasiatischen Tsunami im Jahr 2004 oder den Londoner Attentaten im darauffolgenden Sommer, maßgeblich an der Aufzeichnung des Zeitgeschehens teilnahmen. So berichtet der Geschäftsführer eines Drugstores in unmittelbarer Nähe der Türme: »Das einzige, was ich heute [am 11. September] verkauft habe, waren Fotoapparate. In der Stunde nach dem ersten

Schlag, haben wir zwischen
60 und 100 Kameras ver-
kauft«.[34]

Eine kaum übersehbare
Menge Bilder wurde also an
jenem Tag gemacht. Wie aber
ist dann die geringe Anzahl
von Fotografien zu erklären,
die auf den Titelseiten der
Zeitungen veröffentlicht wurden? Eben hierin liegt das
Paradox der Berichterstattung
über die Attentate in den
Printmedien. Der 11. Sep-
tember stellt zweifellos das
meistfotografierte Ereignis in
der Geschichte des Fotojournalismus dar, seine mediale
Repräsentation scheint jedoch
die am wenigsten differen-
zierte zu sein. Zahllose Kame-

Abb. 16: Verschiedene europäische und amerikani-
sche Tageszeitungen vom 24. September 1997
(Fotografie von Hocine Zaourar; Agentur: Agence
France-Presse; Montage von Pascal Convert)

ras, die auf den Ort der Tragödie gerichtet sind, und nur dreißig
Fotografien auf den Titelseiten der amerikanischen Zeitungen vom
11. und 12. September. Eine Fülle von Bildern, und das Gefühl,
immer dasselbe zu sehen.

Man kann versuchen, diesen Widerspruch auf verschiedene
Weisen zu lösen. Besonders nahe liegt die Vermutung, dass angesichts der Panik und Dringlichkeit des Ereignisses nur wenige Bilder verfügbar waren. Die gewöhnlich veröffentlichten Fotografien
wären demnach die einzigen gewesen, auf die man zurückgreifen
konnte. Die Aussagen der Bildredakteure in den Presseagenturen
oder Zeitungen widerlegen freilich diese Hypothese. Joan Rosen
vom New Yorker Büro von Associated Press erzählt, dass die Agentur im Verlauf des Vormittags »von einem nicht abebbenden Besu-
cherstrom mit Fotografien aufgesucht wurde – Studenten, Arbei-
ter, Leute, die sich mit einem Fotoapparat an Ort und Stelle befunden hatten«.[35] Mike Smith und Jim Wilson von der *New York Times*
erklären ebenfalls, dass ihre Arbeit an den ersten Tagen behindert
wurde, weil zahlreiche Amateure anriefen, die ihre Bilder anbo-
ten.[36] »Plötzlich gab es eine Million Fotografen in New York«, fügt

Elinor Tatum hinzu, die Chefredakteurin der *New York Amsterdam News*.[37]

Man muss im Übrigen nur die Zeitungen der ersten Tage genauer lesen, um festzustellen, dass viele andere Fotografien verfügbar waren, denn diese wurden in den Innenseiten veröffentlicht. Ein blutiges Gesicht, ein anderes, das aschfahl ist, schuftende Feuerwehrleute, Verzweifelte, die sich in die Tiefe stürzen, Gesten des Entsetzens, Tränen der Zeugen des Dramas, der Überlebenden, Statuen aus Asche und Staub, die nach dem Zusammensturz der Türme aus der Wolke treten... – so viele Fotografien, die im Inneren der Zeitungen zu sehen waren, aber fast nie oder allenfalls in Form kleiner Bildleisten auf den Titelseiten gedruckt wurden. Die Einheitlichkeit der Berichterstattung über die Attentate lässt sich also gewiss nicht mit einem möglichen Mangel an Bildern begründen.

Um das Phänomen der Wiederholung zu erklären, greifen amerikanische Medienexperten auf eine andere Hypothese zurück: die des Traumas.[38] In den neunziger Jahren des 20. Jahrhunderts hatte dieser Begriff jenseits des Atlantiks großen Erfolg in den *Holocaust Studies*; insofern ist es kein Zufall, dass die meisten Wissenschaftler, die heute den 11. September unter dem Aspekt des Traumas betrachten, früher über die Shoa gearbeitet haben. Von der amerikanischen Bevölkerung wurden die Attentate in der Tat als ein Trauma erlebt. Die psychoanalytische Theorie begreift nun die Wiederholung als einen Weg, das Trauma abzureagieren, d. h. es umzuwandeln und möglicherweise auch zu bewältigen.[39] An diesem Punkt gehen die Meinungen allerdings auseinander. Einige sind der Ansicht, die Medien hätten die Bilder einfach deshalb in einer Endlosschleife gezeigt, weil sie helfen wollten, den Schock zu ertragen. Eine Journalistin der *New York Times* erklärt zum Beispiel: »Die scheinbar unmöglichen Bilder der zunächst brennenden und dann einstürzenden Türme wieder und wieder anzusehen half den Leuten, den Schock zu bewältigen, das Unwirkliche wirklich werden zu lassen«.[40] Ähnlich bemerkte Jacques Derrida, als er die Attentate kommentierte: »[...] [d]ie Wiederholung hat immer die schützende Wirkung, ein Trauma zu neutralisieren, zu lindern, wegzuschieben, und das gilt auch für die Wiederholung der Fernsehbilder [...]«.[41] Demzufolge wäre es nicht mehr die Hauptfunktion der Medien zu informieren, sondern zu trösten.

Für andere war die Rolle der Medien ambivalenter. Nach Fritz Breithaupt »reagierten die Medien auf den Angriff dadurch, dass sie das reproduzierten, was sie als das Ergebnis dieser Angriffe wahrnahmen: ›ein Trauma‹. Gleichzeitig empfahlen sie sich als Therapeuten, als Agenten nationaler Genesung [...]. Die Medien mussten ›traumatisch‹ werden, ein ›Trauma‹ produzieren, um anschließend sich selbst als Heilmittel anzubieten«.[42] Diese Erklärungsversuche der medialen Wiederholung mögen für das Fernsehen zutreffen, doch können sie im Fall der Presse keine Gültigkeit beanspruchen. Da die meisten Leser selten mehr als eine oder zwei Zeitungen kaufen, sind sie einer solchen Form der Wiederholung nicht ausgesetzt. Das bedeutet, dass auch das Trauma nicht erklärt, weshalb die Zeitungen alle die gleichen Bilder veröffentlichten.

Visuelles Leid

Ein dritter Faktor, der oft genannt wird, um die Einheitlichkeit der Berichterstattung über die Attentate in der Presse zu begründen, ist die Zensur. Die schrecklichsten Bilder – die der Verletzten, der Menschen, die aus Fenstern springen, der Toten – seien zensiert worden, was eine erhebliche Verkleinerung des Korpus zur Folge gehabt und dementsprechend die Uniformierung begünstigt habe. Man sollte bei diesem Problem sehr genau vorgehen und sich zunächst fragen, unter welchen Bedingungen diese Bilder aufgenommen wurden. Nach dem ersten Einschlag begannen die Angestellten, die in den Stockwerken unterhalb der Aufschlagstelle arbeiteten, den Nordturm über die Treppenhäuser zu verlassen. Einige von ihnen hatten bei der Kollision schwere Verletzungen erlitten oder waren durch das brennende Kerosin stark verbrannt worden, das sich über die Aufzugschächte verbreitet hatte. Andere wurden verwundet, als sie aus dem Gebäude traten und von Trümmern getroffen wurden, die sich von den Fassaden lösten. Einige Fotografen machten Bilder von dieser Evakuierung und von der ersten Notversorgung. Susan Watts hielt einen bleichen Mann mit verdrehten Augen und blutigem Hemd fest (Abb. 17). Auch eine Frau, deren rotes Kleid sich kaum noch vom Rest ihres blutüberströmten Körpers unterscheidet, wurde von mehreren Reportern fotografiert (Abb. 18).

Diesen Schockbildern, in denen das Blut dominiert, sind die Fotografien jener hinzuzufügen, die sich von den Türmen hinunter-

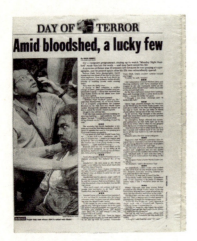

Abb. 17: *Daily News* (USA), 12. September 2001, S. 33 (Fotografie von Susan Watts für die *Daily News*)

stürzten, weil sie dem Feuer, der Hitze, dem Rauch und den Flammen, die die Explosion der Flugzeugtanks ausgelöst hatte, nicht entkommen konnten. Diese dunklen Silhouetten im blauen Himmel von New York tauchen als »schwarze Kommazeichen«,[43] wie ein Beobachter sie nannte, in jedem Augenzeugenbericht auf. Zahlreiche Fotografen – Profis genauso wie Amateure – machten Aufnahmen von diesen »jumpers« (so bezeichnete sie die amerikanische Presse), die manchmal brennend, manchmal zu zweit, Hand in Hand, oder auch ausgestattet mit illusorischen Fallschirmen, die sie hastig aus etwas Stoff, einem Tischtuch, zusammengeknotet hatten, in die Tiefe sprangen.

Doch die bedrückendsten Bilder wurden zu Füßen der Türme gemacht. Matthew Cornelius, ein Angestellter der Hafenbehörde, der im 65. Stock des World Trade Center arbeitete, erzählt, dass ihm, als er aus dem Gebäude trat, ein Feuerwehrmann zurief: »Gehen Sie Richtung Broadway und schauen Sie auf keinen Fall nach links.« Trotz dieser Anweisung habe er seinen Blick nicht abwenden können. »Es war schrecklich«, fährt er fort, »ich werde nie wieder einschlafen können, ohne den menschlichen Abfall [sic] vor den Gebäuden zu sehen, Hände, Füße, einen Kopf…«[44] Für einige handelte es sich um die Körper derer, die sich aus den Fenstern gestürzt hatten und durch den Aufprall zerfetzt worden waren, andere meinten, es seien die menschlichen Überreste der Flugzeugpassagiere gewesen – vielleicht war es beides. Die Zeitspanne, in der diese apokalyptischen Visionen festgehalten werden konnten, war jedenfalls kurz; sie dauerte vom Einschlag des ersten Flugzeugs um 8.46 Uhr und den beginnenden Fensterstürzen kurz nach 9 Uhr bis zum Einsturz des Südturms um 9.59 Uhr, der alles unter einer Schicht aus Staub und Schutt begrub.[45]

In dieser Stunde war das Gebiet, in dem solche Aufnahmen gemacht werden konnten, wegen der herabstürzenden Trümmer und

Körper äußerst gefährlich. Mehrere Feuerwehrmänner bezahlten das Risiko, sich in dieser Zone aufgehalten zu haben, mit ihrem Leben. Trotzdem wurden dort Bilder von zerstückelten Körpern und menschlichen Überresten gemacht, wenn auch in geringer Anzahl. So fotografierte Todd Maisel unterhalb der Türme eine abgetrennte Hand.[46] Des Weiteren wurde dort ein Beinstück festgehalten, von dem schemenhaft in einem Gewirr aus Fleisch- und Kleiderfetzen ein Fuß zu erkennen ist. Nathan Benn,

Abb. 18: *New York Times* (USA), 12. September 2001, Detail der Titelseite (Fotografie von Ruth Fremsen für die *New York Times*)

der Leiter der Magnum-Agentur in New York berichtet, dass noch eine Woche nach den Attentaten ein Fotograf zu ihm kam, um Bilder zu zeigen von »Leichen auf dem Streifen zwischen den Türmen, bevor diese einstürzten«.[47]

Im Gegensatz zu den Bildtypen der Titelseiten, in denen die Architektur des World Trade Center dominiert, zeigen die Fotografien der Verletzten, der Hinabstürzenden und der zerfetzten Körper unmittelbar das Leid der Opfer, ihren bevorstehenden Tod oder die Auflösung ihrer physischen Unversehrtheit. Sie sind aus diesem Grund die qualvollsten Bilder des 11. September. Freilich üben nicht alle Fotografien auf den Betrachter dieselbe Gewalt aus. Die Bilder der menschlichen Überreste sind schwerer zu ertragen als jene, auf denen die Hinabstürzenden zu sehen sind, und diese wiederum wirken beklemmender als die der Verletzten. Ihre Anzahl scheint an diese Schmerzskala gekoppelt zu sein. Von den Verletzten gibt es sehr viel mehr Bilder als von den Hinabstürzenden, während es nur wenige von den menschlichen Überresten gibt. Anders als manche behaupten, hat der 11. September also durchaus einen Anteil an Schockbildern hervorgebracht, doch ihre Zahl verhält sich umgekehrt proportional zum Maß des Leids, das sie darstellen.

Beschränkte Verbreitung

Die Bilder von versehrten Körpern (oder solchen, denen dieses Los unmittelbar bevorstand) sind nicht alle auf die gleiche Weise in Umlauf gebracht worden. Fotografien von Verletzten wurden gewöhnlich in den Innenseiten der Tageszeitungen vom 11. und 12. September veröffentlicht, vor allem bei Tabloid-Ausgaben. Die weniger erschütternden unter ihnen erschienen manchmal auch auf Titelseiten (26 Mal bei 400 untersuchten Exemplaren), allerdings immer im Kleinformat neben einer größeren Fotografie, die einem der sechs Bildtypen zugeordnet werden kann. Die Aufnahmen der Hinabstürzenden wurden gleichfalls in Umlauf gebracht, allerdings in geringerer Zahl. Im untersuchten Korpus finden sie sich immer in den inneren Blättern, bis auf eine, die auf einer Titelseite abgedruckt wurde. Im Unterschied zu den Bildern der Verletzten, die keine Reaktionen hervorriefen, lösten diese Darstellungen eine Kontroverse aus.[48]

Ein Bild vor allem zog die Aufmerksamkeit auf sich. Es zeigt einen Mann, kopfüber, das Bein gebeugt, den Körper in einer Linie mit der Vertikale der schwarzen, grauen und weißen Bänder, aus denen die Fassade des World Trade Center bestand.[49] Unter allen Bildern von Hinabstürzenden ist es diese Fotografie von Richard Drew, die am häufigsten in den Textspalten der Zeitungen erschien, manchmal sogar als Großaufnahme. Sie ist auch die einzige, die auf einer Titelseite veröffentlicht wurde, nämlich jener des *Herald*, einer Tageszeitung aus Pennsylvania (Abb. 19). In den Diskussionen innerhalb der Redaktionen standen sich Befürworter und Gegner einer Publikation gegenüber. Die einen vertraten die Ansicht, dass das Bild den ganzen Schrecken der Attentate zeigte und dass es deshalb zur Geschichte dieses tragischen Tages gehörte. »Mit diesem Bild hätte man auch diese Wahrheit unterdrückt«, schreibt Naomi Halperin, die Bildredakteurin des *Morning Call*.[50] Die anderen fanden, das Foto sei zu brutal. Nach ihrer Meinung gab es genügend starke und informative Bilder, weshalb man das Risiko nicht einzugehen brauchte, dass die Leser schockiert reagierten oder Angehörige den Hinabstürzenden erkannten. Tatsächlich wurden jene, die sich für eine Veröffentlichung entschieden, in den folgenden Tagen mit empörten Botschaften, Vorwürfen und Beschimpfungen überschüttet. »Es ist widerlich«, schreibt ein Leser, »heute ist ein Tag der Trauer und kein Tag, an dem man vom

Abb. 19: *The Herald* (USA), 12. September 2001, Titelseite (Fotografie von Richard Drew; Agentur: Associated Press)

Leid der Menschen profitieren sollte. Haben Sie denn kein Mitge-
fühl, keinen Respekt gegenüber den Familien, die ihre Angehöri-
gen verloren haben?«[51]

Auch die Bilder menschlicher Überreste wurden verbreitet,
wenn auch sehr viel seltener. Als die *New York Daily News* die Fotografie druckten, die Todd Maisel von einer abgetrennten Hand auf
der Straße gemacht hatte, löste dies eine noch heftigere Diskussion
aus.[52] Wie Ed Kosner, der Chefredakteur der Zeitung berichtet,
war die Veröffentlichung »dieses Bildes Anlass für schärfere Kriti-
ken als im Falle der Leute, die sich von den Türmen hinunterge-
stürzt hatten«.[53] Gerade diese Polemiken belegen indes, dass die
Fotografien, die sie auslösten, von einem breiten Publikum wahrgenommen wurden. Die Hypothese, die Presse habe die Schockbilder des 11. September nicht gezeigt, gehört mit anderen Worten
ins Reich der Unwahrheiten. Fotografien von Verletzten wurden
sehr oft abgedruckt, Darstellungen von Hinabstürzenden etwas
seltener, doch waren auch sie in den Printmedien durchaus präsent.
Schließlich erschienen vereinzelt auch Bilder von abgetrennten
Gliedmaßen. Schockbilder waren also sehr wohl zu sehen; ihre Verbreitung richtete sich einfach nach dem Grad ihrer Gewalt.

Statt manichäisch zu fragen, ob der Schrecken des 11. September in der Presse sichtbar war oder nicht, sollte man lieber dieses
umgekehrte Verhältnis zwischen der Verbreitung der Bilder und
der Skala des dargestellten Leids analysieren. Ein ebenso vorherseh-
bares wie paranoides Argument, mit dem die Zurückhaltung der
Zeitungen bei der Veröffentlichung der schwer erträglichen Bilder
erklärt wird, ist ein möglicher Eingriff der Regierung, also eine Art
staatlicher Zensur. Auch hier sollte man vorsichtig sein und vor
allem wieder die Dimension der Zeit in die Untersuchung mit ein-
beziehen. Es gilt heute als gesichert, dass in den Tagen und Wochen
nach den Attentaten von offizieller Seite gelegentlich Druck ausgeübt wurde.[54] Sehr rasch ordnete die Stadtverwaltung von New York
strenge Zugangskontrollen und Aufnahmebeschränkungen an.
Mehrere Medienvertreter erklärten, sie hätten Forderungen erhalten, die unmittelbar aus der Sphäre der Politik kamen. Don
Emmert, verantwortlich für die Fotografie bei der AFP in New
York, berichtet das Folgende: »Einmal bat uns das Büro des Bürger-
meisters von New York ganz offen, ein Bild nicht zu verbreiten, auf
dem eine Gruppe Feuerwehrmänner mit abgenommenen Helmen
dem aufgefundenen Leichnam eines ihrer Kameraden die letzte

Ehre erweist.«[55] Auch der Herausgeber der *Washington Post* schildert, seine Zeitung habe mehrmals Anrufe aus dem State Department erhalten, in welchen »die Sorge geäußert wurde, ein bestimmter Artikel oder, genauer noch, bestimmte Elemente darin könnten der nationalen Sicherheit schaden«.[56] Mit dem Einmarsch in Afghanistan und in den Irak nahmen diese Eingriffe der Regierung in der folgenden Zeit noch zu. Aber auch wenn nicht zu bestreiten ist, dass nach den Attentaten von offizieller Seite Druck ausgeübt wurde und dass man sich dabei bisweilen der Zensur näherte, so kann dies für den 11. September selbst nicht angenommen werden. Wie Christian Delage gezeigt hat, war der Stab von Präsident George W. Bush angesichts der Panik dieses ersten Tages kaum in der Lage, die Medien in irgendeiner Weise zu kontrollieren.[57]

»Unpopuläre Ideen«, schreibt George Orwell, »können unterdrückt und störende Ereignisse verheimlicht werden, ohne dass man dafür ein offizielles Verbot braucht.«[58] Nach Ansicht des Autors von *1989* geht die größte Gefahr für die Pressefreiheit in demokratischen Gesellschaften nicht von der staatlichen Zensur aus, sondern eher von einer bestimmten Form der Selbstzensur. Wenn es also keine Anhaltspunkte dafür gibt, dass die amerikanische Regierung die Informationen in den ersten Stunden nach den Attentaten zu kontrollieren suchte, so deutet im Gegenzug alles darauf hin, dass die Presse von sich aus peinlich genau darauf bedacht war, das auszuwählen, was in Umlauf gebracht werden sollte – ganz besonders gilt dies für die Bilder. In der Tat haben einige Journalisten und Bildredakteure zugegeben, sie hätten die Publikation der schwierigsten Bilder bewusst beschränkt.[59] Verschiedene Begründungen wurden vorgebracht, um diese Selbstzensur zu erklären. Als etwa Susan Sontag den für Fotografie zuständigen leitenden Redakteur eines bedeutenden amerikanischen Magazins fragte, warum er keine Darstellungen von Leichen veröffentlicht habe, antwortete dieser, »so etwas wäre absolut geschmacklos gewesen«.[60] Andere führten ethische Motive an, ihren Patriotismus, ihren Respekt gegenüber den Opfern und deren Familien oder aber ihren Wunsch, die Leser nicht zu schockieren.[61] Welche Gründe es auch gab, ob sie gerechtfertigt waren oder nicht, fest steht, dass dieser Ausschluss der brutalsten Bilder dazu beitrug, dass die Darstellung des Ereignisses begrenzt und seine mediale Deutung vereinheitlicht wurde.

Konzentrierung der Medien

Die Selbstzensur ist indessen nicht allein für die Uniformität der Berichterstattung über die Attentate in der Presse verantwortlich. Diese Einheitlichkeit ist auch eine Folge der Neuordnung der Medienindustrie, die vor einigen Jahrzehnten begonnen hat. Seit den achtziger Jahren des 20. Jahrhunderts ist eine starke Tendenz zur Konzentrierung der Medien zu beobachten.[62] *Joint ventures, pooling,* Fusionen, Übernahmen – die großen Konzerne schließen sich zusammen oder kaufen sich gegenseitig auf, während kleine Unternehmen von größeren geschluckt werden. Diejenigen, die diese Politik der Konzentration praktizieren, rechtfertigen sie gewöhnlich damit, dass sie auf diese Weise in den Zeiten der Globalisierung besser gegen die internationale Konkurrenz bestehen könnten. Selbstverständlich handelt es sich dabei um einen Vorwand, der nur schlecht verbirgt, was tatsächlich hinter dieser Strategie steckt, nämlich die Profitsteigerung, welche die Idee der Synergie verspricht: eine Wirtschaftstheorie, nach der »eins plus eins mehr als zwei ergibt«, oder, um es etwas konventioneller auszudrücken, nach der die Zusammenlegung der Fähigkeiten und Leistungen zweier Unternehmen einen größeren Ertrag erwarten lässt als die Summe ihrer jeweiligen Gewinne.

In den Vereinigten Staaten wurden diese ökonomischen Strategien seit den achtziger Jahren durch die Deregulierungspolitik der Reagan-Regierung in starkem Maße begünstigt, genauer gesagt, dadurch, dass der Staat zum Vorteil der Finanzmärkte immer öfter darauf verzichtete, in die Wirtschaft einzugreifen. Das Ergebnis dieser Politik ist heute für alle sichtbar. Als Ben H. Bagdikian 1983 sein Buch *The New Media Monopoly* verfasste, das Standardwerk über solche Konzentrierungsprozesse, kontrollierten gerade einmal fünfzig Unternehmen die gesamte Medienindustrie. Zehn Jahre später, anlässlich der Neuauflage seiner Studie, stellte Bagdikian fest, dass die Zahl dieser Konzerne auf unter zwanzig gesunken war. Inzwischen kann man sie an einer Hand abzählen.[63] AOL Time Warner, Disney, News Corporation, Viacom und Bertelsmann besitzen die Mehrheit der Zeitungen, Magazine, Fernsehkanäle, Radiosender, Verlage, Filmstudios sowie Internetdienste und teilen damit de facto nahezu die Gesamtheit der Medienmacht unter sich auf.

Die Strategie der Konzentrierung dieser Unternehmen wird allgemein von der Absicht begleitet, sich konzentrisch zu diversifizieren, d. h. den gesamten medialen Vorgang von der Produktion bis zur Rezeption über den Vertrieb und die Vermarktung der Rechte kontrollieren zu wollen. Häufig besitzt ein solcher Konzern gleichzeitig Studios, in denen Blockbuster-Produktionen gedreht, Fernsehsender, in denen Stars interviewt, und Zeitschriften, in denen verkaufsfördernde Berichte veröffentlicht werden. Der amerikanische Mediensoziologe Todd Gitlin führt das Beispiel des Nachrichtenmagazins *Times* auf, das eine Reportage über Tornados in der gleichen Woche druckte, in der *Twister* anlief, ein Spielfilm der Warner Studios über eben dieses Thema – sowohl die Zeitschrift als auch das Filmstudio gehören beide zum Time-Warner-Konzern.[64] Diese geschlossenen Kreisläufe werden dadurch noch gefestigt, dass alle fünf Mediengiganten untereinander Geschäfte machen, in gemeinsame Projekte investieren und teilweise sogar die gleichen Mitglieder in ihren Aufsichtsräten sitzen haben.

In diesem Fast-Oligopol, in dem fünf Konzerne beinahe die Gesamtheit der Medienindustrie unter sich aufteilen, in dem das System des freien Wettbewerbs fast aufgehoben oder zumindest verhandelbar scheint, spielen Fragen der inhaltlichen Qualität im Vergleich zur Logik des Gewinns nur eine untergeordnete Rolle. Die unheilvollen Folgen, die diese Politik der Konzentrierung vor allem für die Presse gehabt hat, wurden in mehreren Studien untersucht. Bagdikian zitiert einen Artikel in *Journalism Quarterly*, der darlegt, wie der Verkaufspreis von Zeitungen, die von den großen Konzernen übernommen werden, kontinuierlich steigt, während ihre journalistische Qualität sinkt.[65] Eine andere Studie zeigt, dass Tageszeitungen, die zu einer Mediengruppe gehören, im Verhältnis weniger Informationen und mehr Werbung enthalten als unabhängige Zeitungen.[66]

Die Konzentrierung der Medien verursacht darüber hinaus eine beunruhigend wachsende Uniformierung. Weil sie unter anderem aus denselben Quellen schöpfen, derselben Autorität unterworfen sind, demselben Gewinnstreben unterliegen und dieselben Marketingkonzepte anwenden, ähneln sich die Zeitungen, die Teil eines Medienkonzerns sind, immer mehr, werden ihre journalistischen Inhalte zunehmend standardisiert. Ähnlich wie im Fernsehen oder in der Kinoindustrie herrscht in den Zeitungen inzwischen das, was der englische Regisseur Peter Watkins mit Recht als »Monoform« bezeichnet hat.[67] Die Konzentrierung der Medien bewirkt aber nicht nur eine Qualitätsminderung und Vereinheitlichung der

Inhalte, sie bedroht auch die Meinungsvielfalt, die die Grundlage einer unabhängigen und pluralistischen Presse bildet. Verschiedene Medienbeobachter, die den Positionen der Linken oder der Globalisierungsgegner nahe stehen, haben sich in den letzten Jahren besorgt über den undemokratischen Charakter dieser oligopolistischen Situation geäußert. »Die Konzentrierung der Medien«, schreibt beispielsweise Janine Brémond, »ist mit der Demokratie nicht zu vereinen«.[68]

Öko-Zensur

Für die Bilder gilt das gleiche wie für die Texte. Als Teil der Presselandschaft sind die Bildagenturen dem Konzentrierungsprozess nicht entgangen. Seit den neunziger Jahren ist dasselbe Phänomen der Neuordnung auch bei den Unternehmen zu beobachten, die Bildmaterial anbieten und vertreiben. Agenturen verschwinden, fusionieren oder werden von Investorengruppen geschluckt. Der Fall der drei großen französischen Agenturen Sygma, Gamma und Sipa, die Michel Guerrin zufolge »in den siebziger und achtziger Jahren Paris zur Welthauptstadt des Fotojournalismus gemacht hatten«, ist in dieser Hinsicht besonders aufschlussreich.[69] Zu Beginn des neuen Jahrtausends war die finanzielle Situation dieser Agenturen katastrophal. »160 Millionen Francs Schulden bei Corbis-Sygma, das Ganze bei einem Umsatz von 115 Millionen (der in den letzten vier Jahren um 30 % gesunken ist!); 20 Millionen Verlust bei Gamma […]. Auch bei Sipa sind die Zahlen nicht gut«, schrieb Guerrin.[70] Hubert Henrotte, der zunächst Gamma, dann Sygma leitete, erklärte diese schlechten Ergebnisse damit, dass mehrere Faktoren zusammenkamen: eine schlechte Konjunktur, enorme Sozialbeiträge, die wachsende Anzahl Fotografen, zunehmende juristische Konflikte (Bildrechte und Autorenrechte), der strukturelle Umbau der Presse sowie strategische Fehler bei der Digitalisierung.[71] Innerhalb von zwei, drei Jahren wurden so die Aushängeschilder des französischen Fotojournalismus zusammen mit anderen Agenturen und Bildarchiven – insgesamt ungefähr dreißig laut Guerrin – von großen Finanzinvestoren aufgekauft: Hachette Filipacchi Medias, Pierre Fabre, Getty Images sowie Corbis, einer Gesellschaft, die Bill Gates gehört.

In derselben Zeit verstärkten die fotografischen Dienste der Nachrichtenagenturen – etwa Reuters, Associated Press (AP) und Agence France-Presse (AFP) – ihre Präsenz auf dem Bildermarkt. Diese Unternehmen waren in vielerlei Hinsicht besser gewappnet, um den wirtschaftlichen Spannungen und der Neustrukturierung der Medienwelt zu widerstehen. Sie verfügten bereits über Erfahrungen in der schnellen Datenübermittlung, konnten auf ein bewährtes Vertriebsnetz zurückgreifen und verwendeten schon länger digitale Techniken. Vor allem aber hingen sie, im Unterschied zu Sygma, Gamma, Sipa und anderen, ökonomisch nicht vom Handel mit Bildern ab, einem schwierigen Markt mit hohen Kosten und unsicheren Gewinnen. Reuters machte seinen Hauptumsatz – bis zu 94 % im Jahr 1997 – mit dem Verkauf von Daten und Finanzdienstleistungen. Associated Press betätigte sich ebenfalls auf dem Feld der Börsennachrichten, das sich dank der Tochtergesellschaft AP Dow Jones zu einem hochrentablen Geschäftsbereich entwickelte. AFP schließlich profitierte von Abonnements des französischen Staats, die Ende der neunziger Jahre fast 50 % der Einnahmen abdeckten.[72] Diese relative Finanzstärke ermöglichte es den Nachrichtenagenturen zu investieren, sich zu vergrößern und auf diese Weise ihren Abonnenten fotografische Dienste von hoher Qualität anzubieten. Auf dem Markt der Bilder wurden sie auf diese Weise äußerst konkurrenzfähig.

Der 11. September bestätigte die außerordentliche Bedeutung, die die Nachrichtenagenturen – an erster Stelle Associated Press – in der fotografischen Berichterstattung inzwischen übernommen hatten. In den Stunden unmittelbar nach den Attentaten übermittelte das New Yorker Büro von AP bereits mehrere hundert Bilder an die 1.500 angeschlossenen amerikanischen Tageszeitungen sowie an 15.000 Abonnenten in 112 Ländern. All dies mit eindrucksvoller Effizienz: von 400 untersuchten Titelfotos stammen 299 von Associated Press, d. h. beinahe 72 %. Beschränkt man sich auf dieses Korpus, so kann man daraus für die amerikanische Presse schließen, dass drei Viertel der gesamten bildlichen Darstellung der Attentate vom Blick von AP bestimmt wurde. Einige Umfragen in der europäischen Presse zeigen, dass die AP-Bilder außerhalb der USA zwar etwas weniger oft verbreitet wurden, aber immer noch einen großen Anteil ausmachten. Eine Äußerung Mark Twains aus dem Jahr 1906 – »es gibt nur zwei Kräfte, die Licht in den letzten Winkel der Welt bringen können: die Sonne oben am Himmel und Associated

Press unten auf der Erde«[73] – ist ein Jahrhundert später immer noch aktuell. Der Feuerball, den die Explosion der Tanks des Fluges 175 verursachte, wurde nicht nur auf der Titelseite von fast der Hälfte aller amerikanischen Tageszeitungen veröffentlicht, sondern umrundete dank AP auch den ganzen Planeten. Wenn in europäischen Tageszeitungen die Bilder nicht von Associated Press kamen, dann wurden sie gewöhnlich von Reuters oder AFP geliefert.

Diese Hegemonie der Nachrichtenagenturen, die in den folgenden Wochen durch ihre starke Präsenz in Zeitschriften und Magazinen bestätigt wurde (einem Feld, das gewöhnlich von den traditionellen Agenturen besetzt wird), macht deutlich, dass im Bereich des Vertriebs von fotografischen Bildern die gleiche Konzentrierung stattgefunden hat wie in der Presse oder allgemein in den Medien. Die Analyse dieses Prozesses, bei dem die Zahl der Bildagenturen reduziert wurde, erlaubt es, einige der hier gestellten Fragen zu beantworten. Zunächst ist das Phänomen der Konzentrierung, das wie ein künstlicher Engpass funktioniert, verantwortlich für die Diskrepanz zwischen der Quantität der Fotografien, die am 11. September entstanden, und der verhältnismäßig geringen Anzahl Bilder, die auf den Titelseiten der Tageszeitungen publiziert wurden. Auch die Einheitlichkeit, die die Darstellung der Attentate in der Presse kennzeichnet, wird auf diese Weise verständlich. Da der Bilder-Markt inzwischen von wenigen Händlern kontrolliert wird, ist er zunehmend reguliert; das visuelle Angebot wird verknappt, es wiederholt sich, erscheint uniform. Die Untersuchung der Vertriebsnetze offenbart, dass die Berichterstattung über die Attentate in den Zeitungen beschnitten und dass diese Beschränkung in erster Linie von ökonomischen Faktoren bestimmt wurde. Mit anderen Worten: Es handelt sich hier weder um eine *staatliche* Zensur noch um eine *Selbst*zensur, sondern vielmehr um eine »Öko-Zensur«.

Postskriptum I

Die Situation der Medien, der Presse und des Bilderhandels, die bisher beschrieben wurde, erinnert an das heute dominierende ökonomische Modell der Globalisierung – Guy Debord sprach einst vom »weltlich-Werden der Ware, das ebenso das zur-Ware-Werden der Welt ist«.[74] Konzentrierung, Uniformierung… diese

Mechanismen werden gewöhnlich mit der Lebensmittel- oder Textilindustrie in Verbindung gebracht, vor allem mit multinationalen Unternehmen wie McDonald's, Coca-Cola, Nike usw., inzwischen haben sie aber auch insofern das Bild erfasst, als es ein Produkt wie alle anderen geworden ist, dessen Austausch von marktwirtschaftlichem Pragmatismus bestimmt wird. Die Attentate des 11. September erlauben es folglich, ein Phänomen besser zu verstehen, das seit einigen Jahren am Werk ist, das freilich niemals so deutlich zutage trat. An ihrem Beispiel lässt sich analysieren, wie sich die Globalisierung auf den Bereich der fotografischen Darstellung auswirkt.

Die Alternativen zu diesem Vereinheitlichungsprozess, den die Globalisierung hervorruft, sind so selten, dass man sie nicht übergehen sollte. Die Ausstellung *Here is New York. A Democracy of Photographs* ist ein solcher Gegenvorschlag. Das Projekt, das von Alice Rose George, Gilles Peress Michael Shulan und Charles Traub initiiert wurde, beruhte auf einer einfachen Idee. Es ging darum, in einem Ausstellungsraum mitten in SoHo, nur wenige Straßenzüge vom World Trade Center entfernt, die größtmögliche Anzahl Fotografien zu den Attentaten zusammenzutragen. Über die Presse, aber auch über Mundpropaganda bat man die Fotografen – Amateure ebenso wie Profis –, ihre Bilder zur Verfügung zu stellen. Diese wurden an Ort und Stelle inventarisiert, abgezogen, ausgestellt und zugunsten einer karitativen Einrichtung verkauft, der Children's Aid Society. Die Fotografen kamen in Scharen, genauso wie die Besucher. Unmittelbar nach der Eröffnung der Ausstellung schoben sie sich zu Tausenden durch die Räume der Prince Street; bald wurden weitere Lokalitäten angemietet. Das Projekt, das ursprünglich nur einen Monat hätte dauern müssen, wurde zunächst bis Weihnachten verlängert, dann bis zum Sommer. Am ersten Jahrestag des 11. September war die Ausstellung immer noch zu sehen. Im Frühjahr 2002 hatte man 7.000 Bilder versammelt, 750.000 Personen hatten die Schau besucht, 600.000 Abzüge waren verkauft. Eine Internetseite war freigeschaltet, ein Buch veröffentlicht worden.[75] Der Andrang war so groß, dass mehrere Institutionen in den USA und im Ausland um die Ausstellung baten. Sie wurde in der folgenden Zeit nicht nur in Washington, Houston, San Diego, sondern auch in Berlin, London, Tokyo und vielen anderen Städten gezeigt.

Der Titel der Schau, *Here is New York*, ist dem gleichnamigen Buch von E. B. White entlehnt. In diesem Werk, das 1948, als die

Abb. 20: Ansicht der
Wiederaufnahme
von *Here is New York* anlässlich der Ausstellung
*L'Événement, les images
comme acteurs de l'histoire,*
Jeu de Paume, Paris,
16. Januar – 1. April 2007
(Fotografie des Autors)

Furcht vor einem Atomkrieg groß war, geschrieben wurde, wird die Zerstörung Manhattans in apokalyptischen Worten geschildert, die sofort an den 11. September denken lassen. Doch das eigentliche Interesse der Initiative liegt weniger im Titel als im Untertitel begründet: *A Democracy of Photographs*. Das Projekt beruht in der Tat auf einem demokratischen Prinzip, in dessen Mittelpunkt die Fotografie steht. Teilnehmen konnten Fotografen jeden Alters, jeden Könnens, jeder Kultur. Ihre Bilder wurden nicht ausgewählt, sondern alle im gleichen Format abgezogen und ohne Nennung des Namens in derselben Art und Weise ausgestellt (Abb. 20). Das Korpus, das nach diesem nicht unterscheidenden Verfahren zusammengestellt wurde, vermittelt eine ganz andere Vorstellung von den Attentaten als die Zeitungen – und genau dies beabsichtigten die Organisatoren. Im Gegensatz zur Presse, die immer irgendwelche Fotografien zu Ikonen erhebt, wollten sie die Komplexität des Ereignisses, die Pluralität der Blicke und die Verschiedenartigkeit der Darstellungen bewahren. »Der 11. September«, erklärte Michael Shulan, »hat nicht nur ein Bild allein hervorgebracht, das den Menschen helfen könnte, sich zu erinnern. Keine Soldaten, die die Fahne in Iwojima hissen. Kein Soldat, der auf dem Times Square ein Mädchen küsst. Kein Feuerwehrmann mit einem Kind im Arm in Oklahoma City«.[76]

Natürlich gibt es in der Ausstellung und im Buch Bilder von Explosionen, Wolken, Ruinen, Feuerwehrleuten oder Flaggen, die zweifellos ikonischen Charakter haben. Aber es wird nichts getan, damit sie diesen Status erlangen. Im Gegenteil, sie werden ohne Unterschied in einen Zusammenhang mit anderen Bildern gebracht, die weniger stereotyp sind, gewöhnlicher, manchmal sogar intim. Dadurch wird eine menschlichere Wahrnehmung der Ereignisse erzeugt. Während die Presse in erster Linie die Stadt und die Schäden zeigte, die den Gebäuden zugefügt wurden, wird hier dem Individuum ein größerer Platz eingeräumt: seiner Verzweiflung, seinem Leid, seinen Verletzungen. Das Menschliche triumphiert über die Stadt. Anders als in den Zeitungen wurden die grausamsten Bilder dabei nicht in die hinteren Seiten verbannt oder auf Kleinformate reduziert. Sie finden sich inmitten der anderen Bilder und sind genauso sichtbar. So vermittelt das Projekt der Prince Street eine Vorstellung vom 11. September, die tatsächlich demokratischer ist; es bietet eine wirkliche Alternative zu einem Mediendiskurs, der dermaßen hegemonial und monolithisch geworden ist, dass manche ihn als »totalitär« bezeichnen, auch wenn es wohl richtiger wäre, den Neologismus »globalitär« zu verwenden. *Here is New York. A Democracy of Photographs* ist in diesem Sinne als ein *Akt des Widerstandes* zu verstehen: eine jener Handlungen, von denen Gilles Deleuze sagte, sie widersetzten sich »den Verlockungen und Wünschen der gängigen Meinung«, den »Parolen« der Information.[77]

Déjà-vu

»Es scheint, als sei der 11. September für viele die erste historische Erfahrung überhaupt gewesen.«[78]

Fritz Breithaupt

»Tage der Schande«

Die Wiederholung der Bilder unmittelbar nach den Attentaten geht
einher mit einer anderen Form der Wiederholung in der historischen Zeitdimension. Die Bilder wiederholen sich, aber sie scheinen zugleich auch etwas anderes zu wiederholen. Zahlreiche Beobachter haben das Déjà-vu-Erlebnis jenes Tages beschrieben. »Bereits
am 11. September«, erklärt beispielsweise Daniel Schneidermann,
»hatten wir den Eindruck, sobald wir die Bilder erblickten (live
oder am Abend in der Zeitung), dass wir sie schon einmal gesehen
hatten«.[79] Jorge Lozano fügt hinzu: »Die erste, noch ungläubige
Wahrnehmung ist ein Gefühl des Déjà-vu: Der Fernsehzuschauer
sieht auf seinem Bildschirm in Direktübertragung ein Ereignis, dem
er bereits in der Vergangenheit beigewohnt hat«.[80] Was ist das
›Bereits‹ oder ›Schon‹ des Déjà-vu? Oder einfacher ausgedrückt:
Was wiederholen diese Bilder?

Um eine Antwort zu finden, muss man noch einmal auf die
Texte zurückkommen, die in der Presse die Fotografien begleiteten.
Mehrere Zeitungen des 11. und 12. September 2001 enthalten auf
ihren Titelseiten das Wort *Infamy* (Abb. 21). Für einen amerikanischen Leser war dies eine offenkundige Anspielung. Der Ausdruck
verweist auf eine denkwürdige Radioansprache von Präsident
Franklin D. Roosevelt am Tag nach dem japanischen Angriff auf
Pearl Harbor. Damals hatte er verkündet: »Gestern, am 7. Dezember 1941, einem Tag, der in *Schande* fortleben wird, wurden die
Vereinigten Staaten von Amerika plötzlich und vorsätzlich von See-
und Luftstreitkräften des Kaiserreichs Japan angegriffen«.[81] Wenn

Abb. 21: *Waterbury Republican-American* (USA), 12. September 2001, Titelseite (Fotografie von Spencer Platt; Agentur: Getty Images). Abb. 22: *San Antonio Express-News* (USA), 11. September 2001, Titelseite (Fernsehstandbild des Senders NBC News; Agentur: Associated Press). Abb. 23: *The News-Gazette* (USA), 11. September 2001, Titelseite (Fernsehstandbild des Senders ABC; Agentur: Associated Press)

also die amerikanischen Tageszeitungen in ihren Schlagzeilen mit Formulierungen wie »A New Day of Infamy« (Abb. 22) oder, expliziter noch, mit »Second Pearl Harbor« (Abb. 23) titelten, dann taten sie dies mit der Absicht, beim Leser Erinnerungen an diesen Überraschungsangriff der Vergangenheit heraufzubeschwören.

Dieser Bezug auf die Geschichte der USA ist einer der wichtigsten Topoi der medialen Berichterstattung über den 11. September. Wie eine Studie vor kurzem gezeigt hat, war der japanische Angriff die Analogie, die von den amerikanischen Zeitungen am häufigsten benutzt wurde, um die Attentate zu beschreiben.[82] Auch das Radio und das Fernsehen griffen auf den Vergleich zurück. »Das ist Pearl Harbor, das ist Krieg«, sagte ein Zeuge, der in der Nähe des World Trade Center auf der Straße interviewt wurde.[83] Ähnliches konnte man von Dan Rather, dem Nachrichtensprecher von CBS, hören: »Dies ist ein zweites Pearl Harbor, welches ohne Zweifel mit ewiger Schande beladen sein wird«.[84] Politiker, Senatoren und Abgeordnete, deren Worte von den Medien ausführlich wiedergegeben wurden, nahmen die Assoziation auf und erklärten den 11. September zum »Pearl Harbor des 21. Jahrhunderts« oder »des neuen Jahrtausends«.[85]

Dass man den 11. September 2001 und den 7. Dezember 1941 in einen Zusammenhang brachte, wurde aber auch heftig kritisiert. Wie üblich in öffentlichen Debatten wurde der Analogie umso heftiger widersprochen, je öfter sie wiederholt wurde. Susan Sontag, Noam Chomsky und andere wiesen nach, wie stark sich die beiden Ereignisse in historischer, politischer und nicht zuletzt auch symbolischer Hinsicht unterschieden.[86] Aber ganz gleich, ob es darum ging, Ähnlichkeiten oder Differenzen herauszustellen, der Verweis auf Pearl Harbor prägte die Diskussionen noch lange nach dem Einsturz der Zwillingstürme, ja er wurde sogar Bestandteil der verschiedenen Verschwörungstheorien über den 11. September.

Einige Jahre zuvor hatten mehrere amerikanische Historiker die These aufgestellt, Roosevelt sei nicht nur über den unmittelbar bevorstehenden Angriff der Japaner auf Pearl Harbor informiert gewesen, sondern habe darüber hinaus auch nichts dagegen unternommen, um auf diese Weise die Bevölkerung und den Kongress vom Kriegseintritt zu überzeugen.[87] Jene, die einen Komplott vermuten, gehen heute mit ihren Analogien soweit, dass sie behaupten, die Bush-Regierung sei gleichfalls über die Attentatspläne der Terroristen bestens informiert gewesen; sie hätte ebenso nichts getan, diese Pläne zu vereiteln, sondern vielmehr ihre Vorbereitung erleichtert, um so die Voraussetzungen für eine Politik militärischer Interventionen zu schaffen.[88] Die Verschwörungstheoretiker stützen sich dabei auf einen Bericht, der im September 2000 – also ein Jahr vor den Attentaten – vom Project for a New American Century verfasst wurde, einer neokonservativen Denkfabrik, die der US-Regierung nahestand. In diesem Pamphlet, das für eine massive Aufstockung des Verteidigungshaushalts eintrat, eine Modernisierung des Militärs fordert und für die Vergrößerung und dauerhafte Verlegung der Armee in den Nahen Osten, nach Südostasien und Südeuropa wirbt, finden sich in der Tat einige Passagen, die auch einen wenig paranoiden Leser nachdenklich stimmen können. In einem Kapitel, das die Überschrift trägt »Die beherrschende Macht von morgen schaffen«, schrieben die Autoren, die über die notwendige Zeit für die Verwirklichung dieses Ziels sehr genaue Vorstellungen hatten: »Obwohl er eine revolutionäre Veränderung mit sich bringt, wird der Transformationsprozess lange dauern, wenn ein katastrophales oder katalytisches Ereignis fehlt – wie *ein neues Pearl Harbor*«.[89] Eine Analyse der Verschwörungstheorien würde den Rahmen dieser Studie sprengen; was hier zählt ist allein ihre symp-

Abb. 24: Anonym, Fotografie der amerikanischen Armee, Explosion der USS Shaw, Pearl Harbor, 7. Dezember 1941

Abb. 25: Anonym, Fotografie der amerikanischen Armee, Brand der USS Arizona, Pearl Harbor, 7. Dezember 1941

tomatische Bedeutung. Dass auch solche Vorstellungen auf einem Vergleich zwischen dem 11. September und dem 7. Dezember beruhen, macht deutlich, dass diese Analogie mehr war als nur eine simple diskursive Bequemlichkeit: Nach den Attentaten trug sie Züge einer echten Zwangsvorstellung.

Visuelle Analogien

Die visuelle Rhetorik, die die Presse ausbreitete, um über die Attentate zu berichten, ist Teil derselben referentiellen Dynamik; auch sie verwendet ausgiebig historische Analogien. Wie die Historikerin Susan D. Moeller 1989 in ihrem Standardwerk über die Kriegsfotografie *Shooting War* dargelegt hat, zeigt das – für Amerika – emblematische Gedächtnisbild von Pearl Harbor Kriegsschiffe, die im Hafen brennen oder auch explodieren, nachdem die Treibstofftanks oder Munitionslager Feuer gefangen haben (Abb. 24–25).[90] »Feuerbälle und schwarzer Rauch«, die, so Moeller, für die meisten Amerikaner »den Krieg oder, genauer noch, den Krieg im Pazifik symbolisieren«.[91] Man kann sich also – in Ergänzung zu den Argumenten, die im ersten Teil dieses Essays dargelegt wurden – vorstellen, dass Bilder von Flammen und Asche auch deshalb so häufig für die Titelseiten der amerikanischen Zeitungen vom 11. und 12. September ausgewählt wurden, weil sie Erinnerungen an diesen vergangenen Tag der Schande weckten.

Diese These wird unter anderem dadurch belegt, dass 71,5 % der Titelseiten, die in ihrer Schlagzeile oder im Untertitel einen

Verweis auf Pearl Harbor enthalten, auch das Bild einer Explosion oder einer Rauchwolke abdrucken.[92] Desgleichen bestätigen die Kommentare, die die Fotografien begleiten, dass diese allein auf Pearl Harbor und nicht auf ein anderes vergleichbares Ereignis der amerikanischen Geschichte anspielen. So schrieb ein Journalist in *Newsweek*: »Die dichten Rauch- und Staubwolken, die sich über der Stelle erhoben, wo einst das World Trade Center stand, erinnerten auf unheimliche Weise an die Fotografien des japanischen Angriffs auf *Battleship Row* [die amerikanische Flotte, die vor Pearl Harbor ankerte]«.[93] In einem gezeichneten Kommentar wurde unter der Überschrift »Infamy II« die Wolke des 7. Dezember 1941 ebenfalls neben jene des 11. September 2001 gestellt (Abb. 26). Eine andere Zeichnung nutzte die Undurchlässigkeit der Wolke, um die Umrisse der umstürzenden

Abb. 26: Bok, *Infamy II. December 7, 1941 – September 11, 2001*, Zeichnung im *Akron Beacon Journal* (USA), 2001

Abb. 27: Ramirez, Zeichnung auf der Internetseite cagle.msnbc.com, 2001

Zwillingstürme und die Silhouette des untergehenden Schlachtschiffs USS Arizona zu überblenden (Abb. 27).

Die Analogie wurde noch klarer, als amerikanische Zeitungen und Magazine die Bilder von Pearl Harbor und vom 11. September nebeneinander veröffentlichten. Schon am 12. verknüpfte die *Sun* aus Baltimore die Fotografie eines von dichtem Rauch bedeckten Kriegsschiffes mit einer Darstellung der brennenden Twin Towers (Abb. 28). Zahlreiche weitere Beispiele ließen sich noch aufführen, die veranschaulichen, dass viele Bilder des 11. September in der amerikanischen Presse auf den japanischen Angriff auf Pearl Harbor verweisen, indem sie die bekanntesten Formen seiner Darstellung wiederholen. Dort, in diesem brennenden Pazifikhafen, findet sich ein wesentlicher Teil des Déjà-vu des 11. September wieder.

THE SUN

TERRORISM STRIKES AMERICA

'Never Forget'

2001: Smoke billows from the towers of New York's World Trade Center after terrorists crashed hijacked airliners into them.

Veterans of Pearl Harbor live by those words. And yesterday, in Columbia, one survivor sadly saw the connections between two dates that will live in infamy: Dec. 7, 1941, and Sept. 11, 2001.

1941: The USS Arizona is enveloped in flames after the Japanese attack on Pearl Harbor on Dec. 7

Abb. 28: *The Sun* (USA), 12. September 2001, S. 10 (Fotografien ohne weitere Angabe; Agentur: Associated Press)

Die Verbindung zwischen dem Pazifikkrieg, der mit Pearl Harbor begann, und den September-Attentaten ist in einem anderen Bild noch deutlicher wahrzunehmen: dem der drei Feuerwehrmänner, die inmitten der Trümmer des World Trade Center die amerikanische Flagge an einem Fahnenmast hochziehen (Abb. 29). Gegenstand und Gestaltung dieses Bildes erinnern an eine der berühmtesten Ikonen des Zweiten Weltkrieges: die Fotografie von sechs Marines, die die *Stars & Stripes* auf dem Gipfel des Berges Suribachi der Insel Iwojima hissen. Thomas Franklin, der die Aufnahme von den drei Feuerwehrleuten machte, berichtet, er habe, als er die Szene in seinem Sucher sah, sofort an das berühmte Bild gedacht: »Ich bemerke drei Feuerwehrmänner, die gerade den Trümmerberg hochklettern, und begreife, dass sie eine Fahne hissen wollen. Ich bin ungefähr 90 Meter entfernt und fotografiere mit dem Teleobjektiv. Als die Flagge emporsteigt, erkenne ich die Ähnlichkeit mit dem Bild von Iwojima«.[94]

Iwojima

Bevor die Analyse weiter vertieft und die Verknüpfung von Bildern und Ideen genauer untersucht wird, soll zunächst die Ikone von Iwojima genauer betrachtet werden. Dieses Bild enthält verschiedene Bedeutungsebenen, es ist von zahlreichen Erinnerungsschichten überlagert und hat endlose Kontroversen ausgelöst, so dass man sehr genau vorgehen muss.[95] Aufgenommen von Joe Rosenthal, einem Fotografen von Associated Press, entstand es am 23. Februar

1945, in den ersten Tagen einer der blutigs-
ten Militäraktionen in der amerikanischen
Geschichte: der Schlacht um Iwojima, einer
kleinen Pazifikinsel, die auf dem amerikanischen Vormarsch gegen Japan von großer
strategischer Wichtigkeit war. Anders als die
Legende oft behauptet, zeigt das Bild weder
die Eroberung der Insel noch den Sieg über
den Gegner. Der Angriff sollte sich noch
einen ganzen Monat hinziehen; er kostete
21.000 japanischen Soldaten das Leben, die
sich auf der Insel verschanzt hatten; 25.000
Amerikaner wurden verwundet, 7.000 davon
tödlich. Drei der sechs Marines, die von
Rosenthal fotografiert wurden, starben in
den darauffolgenden Tagen.

Abb. 29: *The Post-Standard* (USA),
11. September 2001, Titelseite
(Fotografie von Thomas Franklin;
Agentur: Associated Press)

   Am Morgen des 23. Februar hatten die
amerikanischen Befehlshaber beschlossen,
einen Spähtrupp auf den höchsten Punkt der
Insel zu schicken, den Gipfel des Berges Suribachi. Die Marines erreichten ihr Ziel im
Laufe des Vormittags und hissten eine erste
Fahne. Ein Militärfotograf, Louis Lowery, machte Aufnahmen von
der Aktion. Kurz nachdem das Sternenbanner aufgezogen war, for-
derte Marineminister James Forrestal, der von einem Schiff aus die
Szene beobachtete, sie solle als Erinnerungsbild der Schlacht festgehalten werden. Er ordnete daraufhin an, die erste Flagge, die verhältnismäßig klein war, gegen eine größere auszutauschen. Eine zweite
Patrouille, zu der auch Rosenthal gehörte, wurde zum Gipfel des
Berges geschickt. Keine der bekannten Quellen gibt Hinweise darauf, diese zweite Einheit sei, wie oft behauptet wird, für eine »militärische Nachrichtenoperation« angefordert worden.[96] Im Übrigen
arbeitete Rosenthal nicht für das Militär, sondern für die Presse.

   Gegen Mittag wurde die erste Flagge durch die zweite ersetzt. In
diesem Moment machte der Reporter von Associated Press seine
berühmte Aufnahme, in größter Hast und, wie er später erzählte,
ohne die Zeit zu haben, genau zu zielen.[97] Mehrere andere Fotografen waren anwesend; eine Filmsequenz, die gleichzeitig von einem
Kameramann der Armee gedreht wurde, zeigt, dass Rosenthals
Fotografie tatsächlich als unmittelbarer Schnappschuss in Sekun-

denbruchteilen entstand und mit Sicherheit nicht gestellt war. Allerdings fertigte Rosenthal wenig später als Fotosouvenir ein weiteres, diesmal inszeniertes Bild an, für das die Marines zu Füßen des Fahnenmastes mit abgelegten Helmen und Waffen posierten, als Zeichen eines Sieges, den sie noch nicht errungen hatten. Die Filme wurden unmittelbar danach zur Basis von Guam hinter die Front gebracht, wo sie entwickelt und abgezogen wurden. Noch an Ort und Stelle fiel dem Verantwortlichen von Associated Press das Bild mit den sechs Marines auf, die die Flagge hissen, und er schickte es per Fernschreiber an das New Yorker Büro. Am 25. Februar 1945 wurde Rosenthals Bild auf den Titelseiten von mehreren amerikanischen Tageszeitungen veröffentlicht, darunter der *Los Angeles Times*, dem *Boston Herald*, der *New York Times* und vielen anderen. Einer der Redakteure der letztgenannten Zeitung bezeichnete die Fotografie als »das schönste Bild des Krieges«[98] – damit begann eine lange Geschichte von Bewertungen.

Als Rosenthal, erschöpft von den langen Tagen der Schlacht, am 4. März in Guam eintraf, ahnte er nichts vom Erfolg seines Bildes. Zu seiner großen Überraschung wurde er sogleich umdrängt und mit Glückwünschen und Fragen überhäuft. Ein Pressekorrespondent erkundigte sich, ob das Bild gestellt sei. Da Rosenthal das Resultat seiner Aufnahmen noch nicht gesehen hatte und aus diesem Grund nicht wissen konnte, dass die hastig während des Flaggenwechsels aufgenommene Fotografie gelungen war, glaubte er, das ausgewählte Bild sei das Fotosouvenir, und bejahte. Diese übereilte Antwort sollte einen Schatten auf seine gesamte weitere Karriere werfen; denn das Missverständnis und die Tatsache, dass er nur die zweite Flagge fotografiert hatte, begründeten das üble Gerücht, sein berühmtes Bild sei eine Fälschung, ein operettenhaftes, zusammengesetztes Machwerk – und dies obwohl Rosenthal nie bestritt, die erste Flagge nicht fotografiert zu haben. Trotz seiner Aufrichtigkeit und seiner Bemühungen, die Umstände der Aufnahme wieder und wieder zu erzählen, wurde das Gerücht weiter verbreitet und vom Neid noch zusätzlich verstärkt. Bis heute ist es nicht verstummt. Mehr noch, Rosenthal wurde nicht nur vorgeworfen, das Bild inszeniert zu haben, er wurde auch verdächtigt, es »retuschiert« oder sogar einem anderen Fotografen »gestohlen« zu haben.[99] Dies scheint – wie auch Robert Capas »Republikanischer Soldat« zeigt – das Schicksal zu sein, das die meisten berühmten Bilder der Geschichte des 20. Jahrhunderts miteinander teilen.

Abb. 30: Joe Rosenthal, Sechs Marines hissen die amerikanische Flagge in Iwojima, 23. Februar 1945

Doch ungeachtet des Argwohns, der bösen Zungen und der Verleumdungen, denen Rosenthal ausgesetzt war, erlangte sein Foto den Status einer Ikone. Für die Amerikaner symbolisierte die Aufnahme gleichzeitig den Sieg über Japan und die Revanche für Pearl Harbor. Wenige Monate nach seiner Entstehung wurde das Bild mit dem Pulitzer-Preis ausgezeichnet. Die *Navy* verwendete es, um Rekruten anzuwerben. Es stand im Mittelpunkt der siebten Kriegsanleihe und wurde dafür auf 3,5 Millionen Poster und 15.000 Plakate gedruckt. Im Sommer 1945 kam eine Briefmarke mit dem Motiv heraus (Abb. 31), von der 150 Millionen Exemplare hergestellt wurden – eine der größten Verkaufsaktionen der amerikanischen Post überhaupt. Rosenthals Bild wurde so, wie immer wieder geschrieben wird, zur meistreproduzierten Fotografie in der Geschichte der USA.[100]

Wie alle Ikonen durchlief die Aufnahme von Iwojima die zahllosen Umwandlungen einer massenhaften Reproduktion. Sie diente als Muster für alle möglichen Produkte (Buttons, Schlüsselanhänger, Statuetten usw.), aber auch für ein monumentales, fast 100 Tonnen schweres Denkmal, das auf dem Militärfriedhof von

Abb. 31: United States Post Office Department, *Iwo Jima*, Briefmarke mit der Fotografie von Joe Rosenthal, 1945

Abb. 32: Werbung für Central Lancashire Development Corporation, nach Vorlage der Fotografie von Joe Rosenthal, erschienen 1981 in der amerikanischen Presse

Arlington errichtet wurde. Sie wurde in mehreren Filmen nachgespielt, darunter im berühmten *Sands of Iwo Jima* von Allan Dwan mit John Wayne. Sie inspirierte zu Romanen, Gedichten, Liedern und sogar zu einem Ballett. 1968 wurde sie vom Popkünstler Edward Kienholz in seinem *Portable War Memorial* parodiert.[101] Die Flower-Power-Bewegung benutzte sie, um den Vietnam-Krieg zu kritisieren; in den achtziger und neunziger Jahren, den goldenen Jahren des Konsums, wurde sie in zahlreichen Werbekampagnen verwendet (Abb. 32).[102] Um sich über die ökonomische Hegemonie Amerikas lustig zu machen, griffen auch die Globalisierungsgegner auf das Bild zurück, indem sie die *Stars & Stripes* durch die Logos von McDonald's (Abb. 33), Coca-Cola oder durch das Dollarzeichen ersetzten. Man sollte noch hinzufügen, dass Rosenthals Fotografie bis heute bei patriotischen Paraden regelmäßig in sogenannten *reenactments* nachgestellt wird: am *Memorial Day*, *Flag Day*, *Veterans Day* usw. (Abb. 34).[103] Überall und in jeder Situation des letzten Jahrhunderts wehte also die Flagge der Ikone von Iwojima.

Die Flagge von Ground Zero

Man sollte die Geschichte der Iwojima-Ikone im Gedächtnis behalten, wenn man sich nun der Fotografie der drei Feuerwehrmänner zuwendet, die mitten in den Ruinen des World Trade Center die amerikanische Flagge hissen.[104] Thomas Franklin, Fotograf des *Record*, einer Tageszeitung aus New Jersey, machte diese Aufnahme am 11. September gegen 17 Uhr. Am Abend entschied sein Chefredakteur, dass sie größere Aufmerksamkeit verdiente, und sandte sie an Associated Press; von dort wurde sie über Nacht weiter verteilt. Auf diese Weise verbreitete sich das Bild überall: Am 12. war es auf der Titelseite von zahlreichen amerikanischen Zeitungen zu sehen; in den folgenden Tagen wurde es sowohl in der amerikanischen wie auch in der internationalen Tagespresse abgedruckt, dann in Magazinen und Zeitschriften auf der ganzen Welt (Abb. 35 bis 38).

Abb. 33: Abwandlung von Joe Rosenthals Fotografie, erschienen 2004 im Internet

Weil Franklins Fotografie zu vorgerückter Stunde entstand und ihre Verbreitung sich zunächst verzögerte, wurde sie erst am Tag nach den Attentaten veröffentlicht. Als nachträgliches Bild folgte sie damit dem anfänglichen Schock, den die Aufnahmen von Feuer, Rauch und Trümmern vermittelten. Von diesen Darstellungen der Zerstörung unterscheidet sich Franklins Aufnahme grundlegend, zeigt sie doch, wie das Symbol des Nationalstolzes sich »einem Phoenix gleich« aus der Asche erhebt.[105] Es handelt sich um ein »positives Bild«, wie ein Leser in einem Brief an *Newsweek* schreibt.[106] Aus all diesen Gründen hatte die Fotografie der Feuerwehrmänner großen Erfolg bei der amerikanischen Bevölkerung. Franklin erhielt hunderte E-Mails, in denen man ihm gratulierte, seine Zeitung tausende Anrufe von Personen, die das Bild kaufen wollten. Rudolph Giuliani, der Bürgermeister von New York, erklärte, dies sei »eine der wichtigsten Fotografien, die er je gesehen habe«.[107] Der Fotograf erhielt zahlreiche Auszeichnungen, und sein Ausschluss aus dem Wettbewerb um den Pulitzer-Preis im folgenden Jahr löste eine Welle der Empörung aus.[108] Mit anderen Worten, »Ground Zero Spirit«, wie man das Bild taufte, wurde rasch zu einer echten nationalen Ikone.[109]

Abb. 34: Jeff Kiessel, Nachbildung der Fotografie von Joe Rosenthal für die Parade des Freedom Festival in Ludington, Michigan, anlässlich des amerikanischen Nationalfeiertags am 4. Juli 2001

Eine Briefmarke mit den drei Feuerwehrmännern erschien 2002 (Abb. 39); zwei Jahre später waren davon 128 Millionen Exemplare gedruckt. Die Fotografie wurde auch als Poster reproduziert, dessen Erlös den Opferfamilien zugute

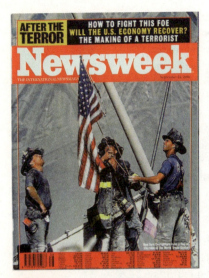
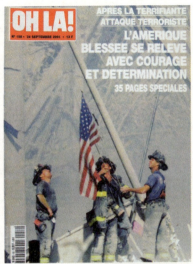

Abb. 35: *Newsweek* (USA), 24. September 2001, Titelseite (Fotografie von Thomas Franklin; Agentur: Associated Press). Abb. 36: *Oh la!* (Frankreich), 24. September 2001, Titelseite. Abb. 37: *Stern* (Deutschland), 17. September 2001, Titelseite. Abb. 38: *New York Teacher* (USA), 26. September 2001, Titelseite

kam. In den Monaten nach den Attentaten war
sie überdies das Bild, welches am häufigsten auf
den verschiedenen Gegenständen kopiert wurde,
die man in den Souvenirläden rund um Ground
Zero oder im Internet kaufen konnte (Abb.
40–41) – der österreichische Künstler Arno Gisinger hat vor kurzem diesen Andenken eine Bil-
derserie gewidmet (Abb. 42–45). »Niemals hätte
ich gedacht«, erzählt Franklin, »dass mein Foto
so verwendet werden würde: als Schmuck für
den Weihnachtsbaum oder in Zackenform für
den [Halloween-]Kürbis, als Figürchen, auf
Medaillen, Schmuckstücken, T-Shirts, Gedenk-
plaketten – und all dies ohne Genehmigung.
[…] Als ich im Oktober über die *World Series*
[Baseball-Meisterschaften] berichtete, ist mir
etwas Merkwürdiges passiert: Ein Händler
wollte mir Abziehbildchen mit dem Foto ver-
kaufen«. Als er begriff, dass vor ihm der Urheber
des Bildes stand, rief er aus: »Ah, dann mache
ich für Sie eine speziellen Preis!«[110] Anders als die
Bilder der brennenden oder eingestürzten
Türme, die fast nie für andere Gegenstände weiter verwendet wurden, stand Franklins Ikone im
Mittelpunkt eines Prozesses der kommerziellen
Nutzung – und Verkitschung – des 11. September.[111]

   Wie alle Ikonen wurde die Fotografie von
Ground Zero zum Gegenstand zahlreicher
Umdeutungen. Sie wurde auf Kasernenmauern
gemalt, diente als Modell für mehrere Denkmä-
ler, die in verschiedenen amerikanischen Städten
errichtet wurden; sie wurde als Wachsgruppe im
Wax Museum von New York nachgebildet (Abb.
46), als Glasmalerei in Texas und als Perlenmo-
saik in Kansas. Die Tat der drei Feuerwehrmänner, die Franklin festgehalten hatte, wurde überdies während der Baseball- und Football-Meis-
terschaften (*World Series,* 2001, und *Superbowl,*
2002) nachgestellt; ja das Bild brachte seine

Abb. 39: United States Postal
Service, *Heroes USA*, Brief-
marke mit der Fotografie von
Thomas Franklin, 2002

Abb. 40: Bierkrug mit der
Fotografie von Thomas
Franklin, 2001–2002

Abb. 41: Aschenbecher mit
einer Nachbildung der Fotografie von Thomas Franklin,
2001–2002

Abb. 42–45: Arno Gisinger, vier Fotografien der Serie *Plan Américain*, 2007 (Privatsammlung des Künstlers)

eigenen Wiederholungen hervor: Als George W. Bush am 13. September 2001 Ground Zero aufsuchte, ließ er sich mit einer Flagge fotografieren, die er über den Trümmern des World Trade Center schwenkte (Abb. 47). Später, zunächst in Afghanistan, dann im Irak, wurde jede gehisste Fahne für die Reporter zur willkommenen Gelegenheit, Franklins Bild nachzuahmen. So trägt – unter anderen Beispielen – eine Fotografie, die im November 2001 von Associated Press in Umlauf gebracht wurde, die folgende Bildunterschrift: »Zwei amerikanische Soldaten [...] hissen auf einer Militärbasis in Südafghanistan das Sternenbanner, so wie die New Yorker Rettungskräfte auf den Ruinen des World Trade Center« (Abb. 48).[112]

Zu den vielen Verwandlungen des Bildes gehören auch die Karikaturen. Eine davon, die kurz nach den Attentaten im Internet verbreitet wurde, zeigt, wie die drei Feuerwehrleute damit beschäftigt sind, Osama Bin Laden am gleichen Mast aufzuhängen, an dem sie ursprünglich die Fahne der USA hochgezogen hatten (Abb. 49).[113] Der Erfolg von Franklins Bild zog zudem Missgunst und Feindseligkeiten nach sich. Einige bemängelten seinen ästhetischen Wert, andere seine symbolische Bedeutung. Einige böse Zungen behaupteten sogar, die Aufnahme sei nicht als Schnappschuss entstanden, sondern ganz und gar in Szene gesetzt. Vermutlich wäre der Parcours der Ikone ohne diesen Vorwurf unvollständig gewesen. Massenhafte Verbreitung, Vereinnahmungen jeder Art, *merchandising*, Zweifel an der Authentizität – dies scheinen

Abb. 46: Louis Lanzano,
Wachsnachbildung der
Fotografie von Thomas
Franklin im Wax Museum
von Madame Tussaud in New
York, 3. September 2002

Abb. 47: *Time* (USA),
24. September 2001,
Titelseite (Fotografie von
Doug Mills; Agentur:
Associated Press)

seit jeher die wichtigsten Stationen zu sein, die
ein erfolgreiches Bild auf seinem Weg durch die
Öffentlichkeit durchläuft.

Wie aber ist dieser Erfolg von Franklins Fotografie zu erklären? Die Versuchung ist groß, diese
Frage mit der Präsenz des Sternenbanners im
Bild zu beantworten. In der Tat fühlen sich die
Amerikaner ihrer Flagge tief verbunden. Dass in
vielen Schulen des Landes die Kinder jeden Morgen mit der Hand auf dem Herzen den Fahnen-
eid rezitieren, ist nur ein Indiz für die Bedeut-
samkeit und Allgegenwart der *Stars & Stripes* in
der amerikanischen Kultur. Diese Liebe wurde in
den Tagen nach dem 11. September besonders
offensichtlich. Die Flagge war überall zu sehen:
in Fenstern, an Balkonen, in den Auslagen der
Geschäfte, an Autoantennen usw. Nachrichtensprecher und Politiker, aber auch Geschäftsleute
und Angestellte hefteten sich *pins* oder Bänder in
den Nationalfarben an.[114] Eine Statistik besagt,
dass unmittelbar nach den Attentaten ein Fünf-
tel aller Internetrecherchen der Suche nach
druckbaren Versionen der amerikanischen Fahne
gewidmet war.[115] In den Supermärkten von Wal-
Mart wurden am 11. September 116.000 Flaggen verkauft, am folgenden Tag sogar 250.000,
fast fünfundzwanzig Mal mehr als sonst. Die
Lager waren schnell geleert, die Hersteller kamen
nicht mehr nach, da die Nachfrage, wie die *New
York Times* berichtete, bei weitem ihre Kapazitä-
ten übertraf.[116] Eine Art *flagmania* hatte Amerika
erfasst.

»Before & After«

Zweifellos hat die Leidenschaft für die Flagge die
Begeisterung für das Bild der drei Feuerwehrmänner begünstigt, die *Old Glory* wieder über
den Trümmern der Zwillingstürme wehen lie-

ßen. Doch unterschätzte man die symbolische Bedeutung dieser Fotografie – und ihre paradigmatische Geltung, um die es hier in erster Linie geht –, wenn man glaubte, ihr Erfolg sei allein diesem einen Umstand geschuldet. Über den einfachen patriotischen Reflex hinaus, den Franklins Aufnahme auslöste, hat auch – und vor allem – ihre Fähigkeit, das Bild von Iwojima ins Bewusstsein zu rufen und dessen Werte zu aktualisieren, dazu beigetragen, dass sie zur unumstrittenen Ikone der Zeit nach dem 11. September wurde. Eine Analyse der Diskurse, die das Bild von Ground Zero begleiten, bestätigt diese These. Sie verweisen immer wieder auf Rosenthals Fotografie, angefangen bei Franklin selbst, wie bereits dargelegt wurde. Dieser Verweisungsprozess vollzieht sich auf unterschiedlichen Ebenen. Zunächst geht es darum, die formale Ähnlichkeit zwischen den beiden Bildern zu betonen: eine ausgeprägte Diagonale und Gestalten, die sich deutlich von einem verhältnismäßig homogenen Hintergrund abheben. Die Fotografie von Ground Zero wird dementsprechend als Bild »im Stil von Iwojima« beschrieben.[117] Eine weitere Parallele, die häufig genannt wird, ist das Thema: Männer in Uniformen – Marines im einen, *firefighters* im anderen Fall – hissen in einer Krisensituation die amerikanische Fahne. Wenn schließlich die Verbindung zwischen den beiden Bildern nicht über formale oder thematische Kriterien hergestellt wird, dann über eine gemeinsame Symbolik. Als die Briefmarke mit den drei Feuerwehrmännern in einer feierlichen Zeremonie vorgestellt wurde, sagte Hillary Clinton über Franklins Fotografie: »Es fällt schwer, nicht an jenes Symbol aus dem Zweiten Weltkrieg zu denken: die Flagge, die auf dem Gipfel von Iwojima gehisst wird«.[118]

Die beiden Bilder wurden indes nicht nur diskursiv in einen Zusammenhang gebracht,

Abb. 48: Jim Hollander, zwei amerikanische Soldaten hissen das Sternenbanner auf einem Militärstützpunkt im Süden Afghanistans, November 2001

Abb. 49: Abwandlung der Fotografie von Thomas Franklin, erschienen 2004 im Internet

sondern auch ganz konkret nebeneinander gestellt. Am 13. September 2001 veröffentlichte beispielsweise die Londoner *Sun* auf ihrer Titelseite die Fotografie Franklins und fügte in der oberen rechten Hälfte eine kleine, kreisförmige Version von Rosenthals Aufnahme hinzu (Abb. 50).[119] In den ersten Monaten nach den Attentaten konnte man öfters in Schaufensterauslagen beide Bilder nebeneinander sehen. Jede Art Geschäft kam dafür in Frage. In einer Agenturmeldung der Associated Press vom 18. Juni 2002 wird berichtet, der Besitzer eines Stripteaselokals namens Blue Moon in Newburgh, New Jersey, habe seine Anwohner dadurch in Zorn versetzt, dass er die beiden Ikonen an der Schauseite seines Etablissements inmitten von Bildern »exotischer Tänzerinnen«, Aphrodisiaka und anderen »sex toys« anbrachte.[120] Die Stilisierung der zwei Bilder zum Diptychon, die nach den Attentaten alltäglich war, lässt sich bis heute auf zahlreichen patriotischen Internetseiten und Homepages beobachten; sie findet sich überdies auch bei einigen Andenken, die damals verkauft wurden. So brachte im Jahr 2002 der Spielwarenhersteller TDC Game unter dem Reihentitel »Before & After« eine Serie von »Doppel-Puzzles« heraus, die unter anderem ein- und dieselbe Szene bei Tag und bei Nacht zeigten. Eines dieser Puzzles aus jeweils fünfhundert Teilen setzte sich aus den Fotografien Rosenthals und Franklins zusammen (Abb. 51 und 52).

Andere Souvenirs, die in den Wochen nach den Attentaten im Umkreis von Ground Zero angeboten wurden, trieben die Verknüpfung der beiden Ikonen noch weiter. Dieser patriotische Kitsch mag auf den ersten Blick abstoßend wirken, es lohnt sich jedoch, ihn genauer zu untersuchen, da einige Beispiele seltsame Hybridisierungen aufweisen. Von besonderem Interesse ist dabei eine Gruppe von Plastikfiguren, die in verschiedenen Maßstäben verkauft wurde: Zwar stellt sie, wie die Uniformen erkennen lassen, ohne jeden Zweifel die Feuerwehrmänner von New York dar, doch ihre Körperhaltung wurde so verändert, dass sie jener der Marines von Iwojima gleicht (Abb. 53). In ähnlicher Weise vermischen auch andere *memorabilia*, Zeitungskarikaturen oder Fotomontagen, die im Internet verbreitet wurden, die Merkmale der beiden Ikonen, so als seien ihr historischer Status und ihre Bedeutung längst eins geworden.[121]

Aus diesem Verknüpfungsprozess der beiden Ikonen, der vom einfachen diskursiven Verweis (Texte) über die Kopplung (Bilder)

Abb. 50: *The Sun* (Großbritannien), 13. September 2001, Titelseite (Fotografien von Joe Rosenthal und Thomas Franklin; Agentur: Associated Press)

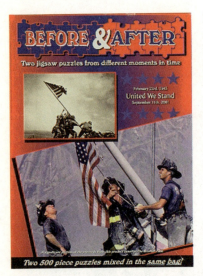

Abb. 51: *Before & After*, Schachtel mit zwei Puzzles der Fotografien von Joe Rosenthal und Thomas Franklin, hergestellt und vertrieben durch TDC Game, 2002

bis hin zur Hybridisierung (Objekte) reicht, sind mehrere Schlüsse zu ziehen. Er zeigt zunächst, dass die Annäherung der beiden Bilder keine abgehobene Idee einiger weniger Interpreten – Journalisten, Politiker, Souvenirfabrikanten – war, die zwanghaft nach Analogien suchten (der Autor des vorliegenden Buches wäre auch dazu zu zählen). Die Assoziierung ist vielmehr tief im allgemeinen Bewusstsein verankert; sie wirkt für die meisten offenkundig. Die dargestellten Verbindungslinien bestätigen ferner, dass der Erfolg von Franklins Fotografie nicht ausschließlich dadurch zu erklären ist, dass sie mittels der wehenden Flagge patriotische Gefühle weckt, sondern dass sie vor allem in der Lage ist, Iwojima zu evozieren. »Ein wesentlicher Teil der Wirkung dieser Aufnahme«, schreibt Matt Wells, »rührt von einem anderen Bild her, das den Pulitzer-Preis gewann und das häufig mit ihm verglichen worden ist«.[122] So wird zuletzt auch verständlich, dass die Ähnlichkeit der Geschichte dieses Ikonen-Paars mit den Entsprechungen zwischen ihren Themen allein nicht zu begründen ist. Stattdessen scheint alles getan worden zu sein, damit das Nachleben von Franklins Bild jenem von Rosenthals Fotografie glich. Ihr gemeinsames Schicksal ist weder konjunkturbedingt noch kontingent, es ist konstruiert.

Interikonizität

Fotografisch betrachtet, stellt das Ineinandergreifen der beiden Bilder ein überaus interessantes Phänomen dar. Franklins Aufnahme ist die indexikalische Spur einer realen Situation: Drei Feuerwehrmänner ziehen eine Flagge inmitten der Trümmer des World Trade Center in die Höhe. Zugleich verweist die Fotografie aber auch unweigerlich auf eine andere visuelle Wirklichkeit: sechs Marines,

Abb. 52: *Before & After*, Puzzle der Fotografie von Thomas Franklin, 2002

Abb. 53: *New York*, Plastikfiguren unter Verwendung der Fotografien von Joe Rosenthal und Thomas Franklin, vertrieben durch das Unternehmen City Merchandise, 2001–2002

die das Sternenbanner in Iwojima hissen. Das Bild von Ground Zero ist also durch eine doppelte Referentialität gekennzeichnet: Die erste ist *indexikalisch* (Barthes[123]), die zweite *ikonologisch* (Panofsky[124]). Wie lässt sich dieses Phänomen einer doppelten Referentialität nun genauer deuten, diese Überlagerung von Formen und Sinnebenen, die allgemein in den Bildern des 11. September zu beobachten ist, nicht nur in denen der Flagge, sondern auch in jenen der Wolke?[125]

Nach Mark Lawson, dem Leitartikler des *Guardian*, fand die Darstellung der Attentate in den Medien vor allem in sogenannten »Palimpsest-Bildern« statt, die »andere Bilder der visuellen Kultur Amerikas« widerspiegelten.[126] Der Ausdruck klingt verführerisch, ist aber nicht wirklich treffend. Denn anders als in einem Palimpsest wurde in den Ikonen des 11. September die erste Schicht der Repräsentation (die ikonologische Referentialität) nicht ausgekratzt, getilgt und dann durch eine zweite Bildschicht (die indexikalische Referentialität) überdeckt. Das ursprüngliche Bild ist unter dem neuen nicht völlig verschwunden, es bewirkt sehr viel mehr, als einfach nur den Blick zu beunruhigen. Die meiste Zeit ist es präsent, ja es wird durch ein Systemen von Verweisen, Verknüpfungen oder Hybridisierungen sogar hervorgehoben. Anstelle von Palimpsest sollte hier eher von Interikonizität die Rede sein, einem Begriff, der in Anlehnung an das Modell der Intertextualität geprägt wurde. In einem Buch, das – ausgerechnet – den Titel *Palimpseste. Die Literatur auf zweiter Stufe* trägt, definiert Gérard Genette Intertextualität als »Kopräsenz zweier oder mehrerer Texte, d. h. in den meisten Fällen, eidetisch gesprochen, als effektive Präsenz eines Textes in einem anderen Text«.[127] Für die Bilder gilt das gleiche wie für die Texte. Die Ikonen der Attentate von New York sind dafür ein gutes Beispiel: Sie verweisen auf andere Bilder genauso – wenn nicht noch mehr – wie auf die Wirklichkeit des Ereignisses, dessen unmittelbare Spur sie sind.

Nachdem die Form der visuellen Relation, welche die Ikonen ins Werk setzen, genauer bestimmt worden ist, geht es nun darum, ihre Bedeutung genauer zu verstehen. Anders ausgedrückt: Warum greift die Presse auf Bilder zurück, die einen solchen ausgeprägten interikonischen Wert haben? Verschiedene Antworten sind auf diese Frage möglich. »Die erste Darbietungsdimension in den Medien«, erklärt Daniel Dayan, »die allen anderen als Basis dient, ist die Dimension der Wichtigkeit«.[128] Im Kontext des 11. Septem-

Abb. 54: *New York American* (USA), 24. April 1906, Titelseite (Fotografie von John D. Howe)

ber diente der Bezug auf die historischen Bilder zunächst dazu, den Ernst der Ereignisse zu unterstreichen. Die Wiederholung visueller Schemata aus der Vergangenheit folgte einem erprobten psychologischen Mechanismus – man versteht besser, was man schon kennt – und half so, die historische Tragweite der Situation besser zu erfassen.[129] Indem man gleichsam über eine binäre Abkürzung den gesamten Pazifikkrieg aufrief, von der Wolke von Pearl Harbor bis zur Flagge von Iwojima, signalisierte man dem Leser: »Aufgepasst! Sie erleben gerade Ereignisse, die dasselbe historische Gewicht haben«. Die Interikonizität scheint also in erster Linie die Funktion zu haben, Geschichte zu evozieren.

Die wiederholte Verwendung dessen, was man hier im Anschluss an Roland Barthes' »Realitäts-Effekte«[130] (»effets de réel«) als »Geschichts-Effekte« (»effets d'histoire«) bezeichnen könnte, hat im Falle der Zeitungen eine besondere Bedeutung. Denn dieses Aufrufen der Geschichte geschieht nicht ohne Wertungen. Es ist vielmehr bereits eine erste Form der Interpretation. Das Ereignis, das als Bezugspunkt diente, wurde nicht zufällig aus der Liste großer Momente der amerikanischen Geschichte ausgewählt. Obwohl sie eine Ikonographie des Rauchs und der Wolken hervorbrachten, die jener der Attentate von New York durchaus vergleichbar gewesen wäre, wurden weder die Brandkatastrophe von San Francisco im Jahre 1906 (Abb. 54) noch die Explosion der Hindenburg im Jahr 1937 (Abb. 55) von der Presse herangezogen, sondern ganz klar der Pazifikkrieg. Diese Konzentration auf Pearl Harbor und Iwojima belegt, dass man die Absicht hatte, über den 11. September als Kriegshandlung zu berichten.[131] Die Entführung und die gezielt herbeigeführte Explosion von vier amerikanischen Flugzeugen hätten aber auch anderen medialen Szenarien folgen können: etwa indem man sie als kriminelle Handlungen darstellte. Doch stattdessen gewann eine offenkundig kriegerische Wahrnehmung

die Oberhand, wie zahlreiche Schlagzeilen bestätigen: »Act of War«,
»Assault on America«, »US Attacked«
oder, noch einfacher, »It's War«.[132]
Wie ist diese Wahl zu verstehen? Indem man auf Pearl Harbor verwies,
gab man zu verstehen, dass die einzig
angemessene Antwort auf die Attentate ein militärischer Gegenschlag
war, genauso wie nach dem japanischen Angriff: d. h. also der Kriegseintritt der USA. Dass man die Analogie
bis zum Bild von Iwojima fortführte
– das, wie gesagt, im kollektiven Gedächtnis der Amerikaner nicht nur als
Ikone des Sieges über Japan, sondern
auch der Revanche für Pearl Harbor
wahrgenommen wird –, bedeutete,
dass man auf ein vergleichbares Ende
hoffte.[133]

Abb. 55: *Los Angeles Times* (USA), 7. Mai
1937, Titelseite (anonyme Fotografie;
Agentur: Associated Press)

Casus belli

Was die Auswahl der Bilder nahelegte, wurde von einigen Politi-
kern noch sehr viel expliziter formuliert. In einem Artikel der
Washington Post vom 12. September 2001 erklärte Henry Kissinger, Nationaler Sicherheitsberater und später Außenminister unter
Präsident Nixon: »Die Regierung muss eine gezielte Antwort
geben, die, so ist zu hoffen, genauso enden wird, wie der Angriff
auf Pearl Harbor endete – mit der Vernichtung des dafür verantwortlichen Systems«.[134]

Auch George W. Bush verwendete eine solche Rhetorik. Am
Abend des 11. September 2001 notierte er in sein Tagebuch: »Heute
geschah das Pearl Harbor des 21. Jahrhunderts«.[135] Als in der folgenden Zeit seine Reden immer martialischer wurden, erwähnte er häufig den Zweiten Weltkrieg. Am 1. Mai 2003 sollte die Einnahme
Bagdads offiziell begangen werden; auf dem Flugzeugträger USS
Lincoln fand ein Militärritual statt, das den großspurigsten Holly-
wood-Inszenierungen Ehre gemacht hätte. George W. Bush erschien

im Aufzug eines Kampfpiloten und hielt unter dem Sternenbanner seine pathetische »mission accomplished«-Rede, in welcher er den »Charakter« der gerade kämpfenden Generation mit dem »wilden Kampfesmut« derer von »Iwojima« verglich.[136] Zwei Monate später betonte er in einer Radioansprache zum Flag Day abermals, dieselbe Freiheitsliebe habe die »Marines [bewegt], als sie die Flagge in Iwojima hissten, und die Helden des 11. September, als sie die Fahne über Ground Zero aufzogen und grüßten«.[137]

Wie der amerikanische Historiker David Hoogland Noon gezeigt hat, hatte sich Bush bereits während seines Wahlkampfes im Jahr 1999 häufig auf den Zweiten Weltkrieg bezogen, doch verstärkte er diese Anspielungen in der Zeit nach den Attentaten.[138] Tatsächlich spielte der Zweite Weltkrieg im kollektiven Gedächtnis der USA bei allen späteren Konflikten des 20. Jahrhunderts eine wichtige Rolle. Seit den späten achtziger Jahren ist er allgegenwärtig in einer langen Folge von Jahrestagen und Gedenkfeiern, von populären Darstellungen, Romanen und Spielfilmen, die nicht nur zu seiner Bekanntheit beitrugen, sondern ihn auch zum Mythos werden ließen. Für das breite amerikanische Publikum erscheint der Hauptkonflikt des 20. Jahrhunderts heute als letzter »gerechter Krieg«, als »The Good War«, den eine Armee von Helden voller Moral und Tapferkeit führte, »die beste aller Generationen« (»The Greatest Generation«), wie sie im Titel eines Buches von Tom Brokaw genannt werden, dem bekanntesten Moderator von NBC.[139] Genau darauf bezog sich George W. Bush, dessen Vater selbst Marinepilot während des Zweiten Weltkrieges gewesen war, als er Pearl Harbor oder Iwojima evozierte.

Folgt man der amerikanischen Historikerin Emily S. Rosenberg, dann war in den Wochen und Monaten nach dem 11. September der Verweis auf diesen Teil der Geschichte – dieser Sprung zurück von sechzig Jahren – auch ein Versuch, so zu tun, als sei seitdem nichts geschehen, als hätte es das gewaltige Fiasko Vietnam nie gegeben – und dies in eben jenem Moment, in dem die Vereinigten Staaten in einen Konflikt gerieten, dessen Ausgang höchst ungewiss war. »Die Erinnerung an Pearl Harbor«, schreibt sie, »hatte die Funktion, andere Vergangenheiten zu ›vergessen‹, die möglicherweise auch relevant gewesen wären. So hat das Gespenst des Vietnamkrieges auf alle amerikanischen Konflikte der letzten fünfundzwanzig Jahre einen Schatten geworfen, der nicht weniger dauerhaft war als der Zweite Weltkrieg. Der ›schlechte Krieg‹ und der ›gute Krieg‹ wurden oft von denen gegenübergestellt, die die Symbolsprachen des einen oder des anderen Konflikts verwendeten, um unterschiedliche außenpolitische Positionen zu entwickeln. Die weitverbreitete Erwähnung von Pearl Harbor nach dem 11. September hat die Analogien mit dem Zweiten Weltkrieg so sehr begünstigt, dass Wörter aus dem Vietnam-Vokabular wie *quagmire* [Morast] oder *backlash* [Gegenbewegung, Boomerang-Effekt] sogleich wie von Zauberhand verschwanden. Pearl Harbor und die *Greatest Generation* des Zweiten Weltkrieges wurden zu dominanten populären Metaphern, um von außenpolitischen Maßnahmen zu sprechen«.[140]

Aufgrund ihrer fortwährenden Verweise auf den Zweiten Weltkrieg gibt es zwischen politischer Rhetorik und medialem Diskurs überraschende Übereinstimmungen, so dass man sich fragen kann, ob die Medien nicht von den Mächtigen instrumentalisiert wurden. Die Dinge sind allerdings offenbar komplexer. Genauso wie im Falle der Zensur im ersten Teil dieses Buches, gibt es keinen einzigen Hinweis darauf, dass die Medien einfach den Anweisungen der Regierung folgten – und dies, obgleich vereinzelt Druck ausgeübt wurde. Anders als manche paranoide Kommentatoren behaupteten, die ebenso schnell von »Propaganda« sprachen wie von »Zensur«, wurde die Berichterstattung der Medien über die Attentate nicht vom Außenministerium »diktiert«.

Seinen Absichten kam sie freilich äußerst gelegen – auch wenn Ursache und Wirkung keineswegs verwechselt werden dürfen. Der Diskurs der Presse, des Radios und des Fernsehens, ihre kontinuierlichen Hinweise auf den »guten Krieg«, auf »die Schande von Pearl Harbor« oder auf »die Helden von Iwojima« schwor die öffentliche Meinung und den Kongress darauf ein, der militärischen Agenda der Bush-Regierung, d. h. dem Einmarsch in Afghanistan und in den Irak, zuzustimmen. Ihre Überzeugungskraft hatte die erhoffte Wirkung. Laut einer Umfrage des Pew Research Center for the People and the Press vom 19. September 2001 begrüßten 82 % der befragten Personen eine Militäraktion gegen den Terrorismus, selbst wenn dies Bodentruppen erforderte.[141] Die Medien sind gewiss nicht verantwortlich für die Kriegspolitik der amerikanischen Regierung, doch sie trugen dazu bei, die Bedingungen ihrer Verwirklichung zu schaffen. Wie zahlreiche Kommentatoren und auch Journalisten heute zugeben und wie es das Schuldeingeständnis der *New York Times* vom Mai 2004 bestätigt,

Abb. 56: ElFigson, »Qué Horror!«, Zeichnung in *La Jornada* (Mexiko), 12. September 2001, wieder abgedruckt in *Le Monde* (Frankreich), 25.–26. November 2001, S. 14

wurden die amerikanischen Medien ihrer Aufgabe als Gegengewicht nicht gerecht; im Gegenteil, sie spielten das Spiel der Macht mit.[142]

In diesem medialen Kontext, der den Krieg begünstigte, kam den interikonischen Bildern große Bedeutung zu. Die massenhafte Verbreitung von Bildern, die an Pearl Harbor und Iwojima erinnerten, erlaubte es, ebenso beunruhigende wie bestärkende Verbindungen zur amerikanischen Geschichte herzustellen; sie stärkte so die Meinung, die einzig angemessene Antwort auf die Terrorakte sei die militärische Option. Gäbe es nicht noch einiges dazu zu sagen, so wäre man versucht, diese Überlegungen mit der Paraphrase eines bekannten Buches von Yves Lacoste zu beenden: *Die Interikonizität dient auch dazu, Kriege zu führen.*[143]

Gegen den Krieg, gegen Amerika

Interikonizität wird nicht überall gleich verwendet; deshalb sollte man in die Analyse eine Unterscheidung einführen. Der erste Teil der vorliegenden Studie hatte gezeigt, dass die Leser überall, sei es in den USA oder in Frankreich, die gleichen Bildtypen in ihren Tageszeitungen erblickten: Explosion, Wolke, Ruine, Flugzeug, Panik und Flagge. Allerdings wurde dabei nicht näher auf den Umstand eingegangen, dass die Bilder zwar die gleichen waren, dass die Frequenz ihrer Verbreitung aber variierte. Eine statistische Erhebung zu französischen Printmedien, die auf einem ähnlich repräsentativen Korpus basiert wie im Falle der amerikanischen Zeitungen, deutet auf andere Verhältnisgrößen hin (Abb. 58).[144] Auf den Titelseiten der französischen Zeitungen dominieren zu gleichen Anteilen (jeweils 30 %) Bilder von Wolken und Bilder von Ruinen. Die Fotografien der Explosion des Fluges 175, die in den USA am häufigsten abgedruckt wurden (41 % der Titelseiten), zählen dagegen zu den Kategorien, die in Frankreich am seltensten in Umlauf gebracht wurden (5 %), so wie auch die Panikszenen (5 %).

Diese Bildwahl wird in der französischen Presse von einem Gebrauch historischer Referenzen begleitet, der sich von den amerikanischen Verhältnissen grundlegend unterscheidet. Zwar wird Pearl Harbor in den französischen Tageszeitungen hier und da erwähnt, doch kommt dies insgesamt sehr viel seltener vor. Stattdessen ist immer wieder von anderen wichtigen Ereignissen in der Geschichte des 20. Jahrhunderts die Rede. So bemerkten mehrere Kommentatoren eine formale Ähnlichkeit zwischen der Rauchwolke, die sich nach dem Einsturz der Türme über Manhattan erhob, und den Atompilzen über Hiroshima oder Nagasaki. John Berger schreibt zum Beispiel: »Als ich am 11. September 2001 die Fernsehsequenzen sah, musste ich an den 6. August 1945 denken«.[145]

Abb. 57: Willem, Zeichnung in *Libération* (Frankreich), 21. September 2001, S. 16

Andere wiederum verknüpften die Bilder des zerstörten World Trade Center mit den Ruinenlandschaften zerbombter Städte. Eine Zeichnung, die am 13. September 2001 in der mexikanischen Zeitung *La Jornada* erschien und von *Le Monde* wieder abgedruckt wurde, zeigt zwei Personen, die sich am Rande von Ground Zero unterhalten. »Wie schrecklich«, sagt die eine, »das ist wie Hiroshima…« Die andere antwortet: »Oder Nagasaki… oder Panama…« Und beide fahren fort: »Oder Vietnam… oder Bagdad…« (Abb. 56). Auch eine Zeichnung von Willem, die am 21. September in *Libération* erschien, legt zwei historische Schichten übereinander (Abb. 57). Die obere Hälfte des Bildes ermöglicht es sogleich, die Skyline

	Amerika	Frankreich
Explosion	41	5
Wolke	17	30
Ruine	14	30
Flugzeug	13,5	10
Panik	6	5
Flagge	3,5	10
Verschiedene	5	10

Abb. 58: Vergleich der auf den Titelseiten amerikanischer und französischer Tageszeitungen verwendeten Motive vom 11./12. und 12./13. September 2001.

Abb. 59: *De Morgen* (Belgien), 12. September 2001, Titelseite (Fotografie ohne weitere Angabe; Agentur: Reuters)

von New York unter der Rauchwolke des 11. September zu identifizieren; die untere Hälfte lässt zwar an gewisse Panikszenen jenes Tages denken, doch deutet sie durch die Haltung und die schmerzverzerrten Gesichter der Figuren vor allem auf Nick Úts berühmte Fotografie vom 8. Juni 1972, auf welcher eine Gruppe vietnamesischer Kinder zu sehen ist, die aus ihrem mit Napalm bombardierten Dorf fliehen. Auf den Vietnamkrieg wurde zudem nicht nur in der französischen, sondern auch in der europäischen Presse durch zahlreiche Verweise auf Francis Ford Coppolas Spielfilm *Apocalypse Now* angespielt, sei es indem man seinen Titel zitierte oder indem man Bilder verwendete, die an das berühmte Filmplakat erinnerten (Abb. 59 und 60).

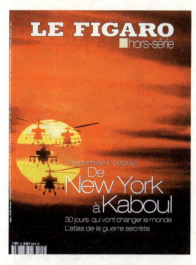

Abb. 60: *Le Figaro* (Frankreich), Sondernummer, 11. Oktober 2001 (Fotografie von Alain Ernoult)

Ein Leser, der die Winkelzüge der Medien nicht kennt, wird sich vermutlich fragen, was Hiroshima oder Vietnam mit den Attentaten zu tun haben. Was haben sie in dieser Geschichte zu suchen? Oder, anders gefragt, was bedeutet diese alternative Form der Interikonizität? Es ist gar nicht leicht, auf diese Frage eine gewisse Antwort zu geben; denn anders als in der amerikanischen Presse, wo die bildliche Evokation des Pazifikkrieges durch den Text unterstützt wird, fehlen in den Fotografien, die in den französischen Zeitungen auf Hiroshima oder Vietnam verweisen, fast immer genauere Kommentare. Während der historische Bezug auf der anderen Seite des Atlantiks offenkundig ist, wirkt er auf dieser Seite des Ozeans unbestimmt oder mehrdeutig. Hinter diesen doppelbödigen Bildern scheint sich eine unterschwellige Botschaft zu verbergen, die nie ausdrücklich formuliert wird, so als käme sie von einer Art kollektiv-visuellem Unbewussten. Bei den folgenden Hypothesen ist daher große Vorsicht geboten.

Eine erste Spur findet sich im gemeinsamen Nenner der Ereignisse, auf die diese Bilder deuten. Hiroshima, Nagasaki, Panama, Bagdad oder eben Vietnam – diese Städte oder Länder haben alle

Abb. 61: *Daily Mirror* (Großbritannien),
7. August 1992, Titelseite

gemein, dass sie von den USA bombardiert wurden und dass bei diesen Angriffen zahlreiche Zivilisten ums Leben kamen. Dass man diese dunklen Seiten der amerikanischen Geschichte zu einem Zeitpunkt anführte, als die Opfer der Attentate noch gar nicht gezählt waren, ja als sich der Staub von Manhattan noch kaum gelegt hatte, erscheint zumindest deplatziert. Diese Verkehrung der Situation, in der sich die Vereinigten Staaten als Angegriffene plötzlich in der Position der Angreifer wiederfanden, wirkt auf den ersten Blick wie eine Ungereimtheit, wie eine interikonische Laune. Doch davon kann keine Rede sein. Aus französischer Perspektive ergibt der Hinweis auf vorausgegangene Militäraktionen der USA durchaus Sinn. Er zeugt von der Sorge der Europäer angesichts der ersten Reaktionen der amerikanischen Regierung und ihrer Bereitschaft, sofort in den Krieg zu ziehen.[146] Er ist Ausdruck der Furcht vor einer unangemessenen, übertriebenen Antwort, die die Welt aus dem Gleichgewicht bringen könnte. Indem sie auf Pearl Harbor und Iwojima verwiesen, schienen die amerikanischen Medien mehrheitlich zum Krieg aufzurufen, sie plädierten offen dafür, die militärische Karte zu spielen. Die französische Variante der Interikonizität wirkt dagegen umso pazifistischer. Sie scheint zu sagen: »Denkt an das Elend des Krieges, an die Schrecken von Hiroshima, an die Irrtümer von Vietnam.«

In einigen Fällen mag die Interikonizität aber auch geradezu hämisch gewesen sein. Seit langem begegnet in Frankreich aus verschiedenen – historischen und politischen – Gründen ein ausgeprägter Anti-Amerikanismus,[147] der durch die Attentate des 11. September anscheinend noch zusätzlich verstärkt wurde. Dieses Ressentiment trat in den Wochen und Monaten nach diesem Ereignis jedenfalls besonders deutlich zutage. In diesem Kontext wird klar, dass die Hinweise auf Hiroshima oder Vietnam auch

Abb. 62: *History repeating itself?*, Bildschirmfoto der Internetseite
www.montney.com, 2006

daran erinnern sollten, dass die USA (vorsichtig ausgedrückt) nicht
immer auf der Seite der Opfer standen. Die Zerstörung der Türme
des World Trade Center wird in diesen Vergleichen als Resultat
einer Gegenreaktion gesehen; mit anderen Worten, die Interikonizität funktioniert hier sozusagen wie eine Art fotografische Variante
des Prinzips, Gleiches mit Gleichem zu vergelten: Auge um Auge,
Zahn um Zahn… Eine Reihe Kommentatoren kommen in ihren
Analysen zu einem ähnlichen Ergebnis. So heißt es unter anderem
über Willems Zeichnung in *Libération*: »Diese Karikatur enthält
augenscheinlich eine Botschaft, die den Vereinigten Staaten das
Leid ins Gedächtnis rufen soll, das sie selbst anderen gebracht
haben […]. Man kann sich darüber hinaus fragen, ob als tieferer
Sinn nicht zu verstehen ist: *Irgendwann ist jeder dran*«.[148]
   Freilich sollte man hier nicht verallgemeinern. Natürlich wurden nicht alle Bilder von Ruinen oder Wolken zu solchen Zwecken
ausgesucht. In bestimmten Fällen aber, je nachdem, ob man gegen
den Krieg oder gegen Amerika eingestellt war, zeugen die Bezüge
auf Hiroshima oder Vietnam von der Absicht, die Kraft der Bilder
gegen die USA selbst zu wenden. Bemerkenswert ist eine solche

Wahl nicht nur deshalb, weil sie als Gradmesser für das Verhältnis zwischen Frankreich und Amerika interpretiert werden kann, sondern auch, weil sie einiges über den Gebrauch der Bilder und der Interikonizität in der Presse sagt. Es ist offenkundig, dass die Bedeutung, die man einem Ereignis beimisst, sich von Land zu Land unterscheidet. In Medienanalysen finden sich unzählige Beispiele, die belegen, wie sehr die Fotografien, die für die Berichterstattung ausgewählt werden, je nach nationaler Presselandschaft variieren. Im Falle des 11. September verblüfft indes, dass diese Meinungsunterschiede sich nicht in der Wahl verschiedener Bilder äußern; sie kommen vielmehr in der Veröffentlichung der gleichen Fotografien zum Ausdruck, die allerdings in ihrer interikonischen Bedeutung divergieren. Auch die Interikonizität ist folglich der Polysemie unterworfen.

Geschichte, Gedächtnis

Dass man auf interikonische Verfahren zurückgreift, um Ereignisse der Gegenwart zu kommentieren, ist an und für sich kein neues Phänomen. Wie Pierre Nora anmerkte, ist die Nutzung von »Prototypen« oder »Schablonen«, von »all diesen fertigen Klischeebildern, welche von den industrialisierten Gesellschaften hervorgebracht werden und in der Gegenwart in immer neuen Exemplaren reproduziert werden«, sogar ein konstitutives Element medialer Prozesse.[149] Aber auch wenn die Beobachtung richtig ist, dass Medien grundsätzlich struktureller Wiederholungen bedürfen, so ist doch nicht zu übersehen, dass diese iterativen Verfahren niemals so häufig angewendet wurden wie in den letzten fünfzehn Jahren.

Im letzten Kapitel ihres eindrucksvollen Buches über die fotografische Erinnerung an die Shoa hat Barbie Zelizer gezeigt, dass die Bilder von Auschwitz und Bergen-Belsen, von Ghettos und Massenerschießungen des Zweiten Weltkrieges, in regelmäßigen Abständen als Muster für die Darstellung aktueller Konflikte in den Medien dienen.[150] Die Berichterstattung über den Genozid in Ruanda oder über den Krieg in Ex-Jugoslawien griff teilweise auf die gleichen, stereotypen Bilder zurück, die bereits ein halbes Jahrhundert alt waren: der gleiche Stacheldraht, die gleichen Massengräber, die gleichen Planierraupen, die verrenkte Leichen in offene Gruben schoben. Am 7. August 1992 veröffentlichte beispielsweise

der Londoner *Daily Mirror* eine Fotografie, die eine Gruppe Ge-
fangener mit abgemagerten Körpern und ausgemergelten Gesichtern hinter dem Stacheldrahtzaun eines serbischen Lagers zeigte
(Abb. 61). Versehen mit einer besonders reißerischen Schlagzeile
– »Belsen 92« –, weckte das Bild unweigerlich Erinnerungen an die
Fotografien der Nazi-Lager.[151] Es wäre ein Leichtes, weitere Beispiele anzuführen, so sehr ist der Gebrauch interikonischer Bilder
in den Printmedien seit den späten achtziger Jahren üblich geworden.

Wie lässt sich die Zunahme dieser Bildwiederholungen erklären, die in der Berichterstattung über den 11. September ihren
Höhepunkt erreichte? Gewiss ist sie kein Zeichen dafür, dass »sich
die Geschichte wiederholt«, so wie es in der bekannten Redensart
heißt und wie einige Internetseiten nahelegen, die Rosenthals und
Franklins Ikonen nebeneinander stellen (Abb. 62).[152] Man litte
wohl unter schwerer Diplopie (eine Augenstörung, wie gesagt, bei
welcher man einen Gegenstand doppelt sieht), wollte man glauben, die Fotografien von Iwojima und Ground Zero bedeuteten
beide dasselbe. Nein, die Geschichte *wiederholt* sich ganz offensichtlich nicht, sie *wird vielmehr von den Medien wiederholt*.

Dies zwingt, die eben gestellte Frage neu zu formulieren: Was
sagt die Banalisierung interikonischer Praktiken über die Geschichts-
konzeption der westlichen Presse (der amerikanischen und der französischen, unter anderen) im Medium des Bildes aus? Dass die Zeitungen den 11. September aus dem Blickwinkel der Wiederholung
betrachten, zeigt vor allem, dass sie die Geschichte als zyklischen
Prozess auffassen. Bei Claude Lévi-Strauss oder Mircea Eliade kann
man nachlesen, dass diese Zeitkonzeption, die auf dem »Mythos der
ewigen Wiederkehr« gründet, tatsächlich »geschichtslos« ist.[153]
Ähnlich formuliert es Jacques Le Goff, indem er sich auf ein Zitat
von François Châtelet bezieht: »Die Vorstellung, daß sich Geschichte
wiederholt,… daß ›es nichts Neues unter der Sonne gibt‹, […]
[kann] nur für eine nicht historisch denkende Mentalität Sinn haben«.[154] Wenn aber die Medien historische Phänomene ganz anders
sehen als die Geschichtswissenschaften, dann könnte das vielleicht
auch daran liegen, dass es gar nicht um Geschichte geht, sondern
um etwas anderes – zum Beispiel um Gedächtnis.

Im einführenden Kapitel seiner *Erinnerungsorte* hat Pierre Nora
diese beiden Begriffe in einer klaren und präzisen Definition unterschieden: »Geschichte, Gedächtnis: keineswegs sind dies Syno-

nyme, sondern, wie uns heute bewußt wird, in jeder Hinsicht
Gegensätze. Das Gedächtnis ist das Leben: stets wird es von leben-
digen Gruppen getragen und ist deshalb ständig in Entwicklung,
der Dialektik des Erinnerns und Vergessens offen, es weiß nicht um
die Abfolge seiner Deformationen, ist für alle möglichen Verwen-
dungen und Manipulationen anfällig, zu langen Schlummerzeiten
und plötzlichem Wiederaufleben fähig. Die Geschichte ist die stets
problematische und unvollständige Rekonstruktion dessen, was
nicht mehr ist. Das Gedächtnis ist ein stets aktuelles Phänomen,
eine in ewiger Gegenwart erlebte Bindung, die Geschichte hinge-
gen eine Repräsentation der Vergangenheit. Weil das Gedächtnis
affektiv und magisch ist, behält es nur die Einzelheiten, welche es
bestärken: es nährt sich von unscharfen, vermischten, globalen
oder unsteten Erinnerungen, besonderen oder symbolischen, ist zu
allen Übertragungen, Ausblendungen, Schnitten oder Projektio-
nen fähig. Die Geschichte fordert, da sie eine intellektuelle, ver-
weltlichende Operation ist, Analyse und kritische Argumentation.
Das Gedächtnis rückt die Erinnerung ins Sakrale, die Geschichte
vertreibt sie daraus, ihre Sache ist die Entzauberung. Das Gedächtnis entwächst einer Gruppe, deren Zusammenhalt es stiftet – was
darauf hinausläuft, mit Halbwachs zu sagen, daß es so viele Ge-
dächtnisse gibt wie es Gruppen von Menschen gibt; das Gedächtnis ist von Natur aus auf Vermehrung und Vervielfachung angelegt,
ist kollektiv, vielheitlich und doch individualisiert. Die Geschichte
dagegen gehört allen und niemandem; so ist sie zum Universalen
berufen. Das Gedächtnis haftet am Konkreten, im Raum, an der
Geste, am Bild und Gegenstand. Die Geschichte befaßt sich nur
mit zeitlichen Kontinuitäten, mit den Entwicklungen und Bezie-
hungen der Dinge. Das Gedächtnis ist ein Absolutes, die Geschichte
kennt nur das Relative«.[155]

Überdies operiert das Gedächtnis im Gegensatz zur Geschichte
mit Hilfe von Wiederholungen. Es gründet auf Gewohnheiten.
Individuell betrachtet, ist es, wie das Wörterbuch sagt, »die Wiederkehr einer bereits gewonnenen Erkenntnis«.[156] Versuche, sich
etwas einzuprägen, aber auch die Kunst der Mnemotechnik beruhen beispielsweise auf einem iterativen Prinzip. Und auch in kollektiver Perspektive belegen öffentliche, politische Erinnerungs-
praktiken mit ihrem langen Kalender wiederkehrender Gedenkfeiern, in welchem Maße das Gedächtnis an die Wiederholung
gebunden ist. Paul Ricœur gebraucht im Zusammenhang mit dem

von ihm konstatierten aktuellen »*Zuviel an Gedächtnis*« den treffenden Ausdruck »wiederholendes Erinnern (*mémoire-répétition*)«.[157]

All dies macht deutlich, dass bei interikonischen Verfahren nicht die Geschichte, sondern das Gedächtnis im Mittelpunkt steht. Als nach den Attentaten des 11. September die amerikanischen und französischen Zeitungen auf den Pazifikkrieg bzw. den Vietnamkrieg verwiesen, ging es nicht darum, sich mit der Geschichte auseinanderzusetzen, Dokumente zu befragen, oberflächlichen Berichten auf den Grund zu gehen oder gar Tatsachen wissenschaftlich darzustellen, sondern das Gedächtnis dieser Ereignisse heraufzubeschwören. Der Bezug auf die Fotografie von Iwojima hat zum Beispiel weniger mit der konkreten historischen Situation zu tun, die das Bild beschreibt, als mit seiner symbolischen Bedeutung im kollektiven Gedächtnis der USA.[158]

Seit einigen Jahren hat das Gedächtnis Konjunktur; bei einem breiten Publikum stößt es auf ungewohntes Interesse. Pierre Nora zufolge sind die westlichen Gesellschaften ins »Zeitalter des Gedenkens« getreten.[159] Der amerikanische Historiker Jay Winter sprach, etwas prosaischer, vom »Memory Boom«.[160] Diese »›Nostalgie-Mode‹« – der Ausdruck stammt von Jacques Le Goff[161] – manifestiert sich (nicht immer mit gutem Grund) in einer Flut unterschiedlichster Gedenkveranstaltungen wie Jubiläen, Jahrestagen, Jahrhundertfeiern.

Die Presse hat viel zu diesem Erfolg der Memoria beigesteuert.[162] Sie hat der doppelten Natur des Gedenkens in starkem Maße Rechnung getragen, d. h. dem *Ereignis, dessen gedacht wird,* genauso wie dem *gedenkenden Ereignis.* Sie hat die Wirkung dieser populären Feiern oft noch verstärkt, indem sie ihnen Dossiers oder Sondernummern widmete, eine Praxis, die früher viel seltener war. Im Alltag drückt sich dies dadurch aus, dass man immer öfter Bezüge zur Vergangenheit herstellt, um die Gegenwart zu erklären – in Gestalt von Texten, aber auch von Bildern. Die Zunahme interikonischer Verfahren in den letzten fünfzehn Jahren lässt sich also unter anderem auch auf dieses inflationäre Gedächtnis zurückführen.

Für Nora ist die Mode des Gedenkens an die Ausbildung besonders spektakulärer Formen gebunden. ›Erinnerungsarbeit‹ findet heutzutage weniger in der Schule als in der ›Gesellschaft des Spektakels‹ statt. Vor allem in den USA ging der »Memory Boom« mit

einer gesteigerten Medienproduktion einher, die Geschichte für
ein breites Publikum bot. Spezielle Kabelsender wurden eingerich-
tet, Internetseiten gestaltet, Themenparks eröffnet usw. Bei der
Ausbreitung dieser Erinnerungswut hat die Filmindustrie eine
bedeutende Rolle gespielt. Die Zahl der Drehbücher, die historische Gegenstände behandeln – vor allem den Zweiten Weltkrieg –,
wächst seit den späten achtziger Jahren kontinuierlich. Die Filme
Steven Spielbergs sind dafür ein gutes Beispiel. In den achtziger
Jahren drehte er vor allem Abenteuerfilme wie *Der weiße Hai*
(1975), *E. T.* (1982) oder *Indiana Jones und der Tempel des Todes*
(1984). In den neunziger Jahren gab er dieses Genre zwar nicht
völlig auf, doch wandte er sich nun mit *Schindlers Liste* (1994) oder
Der Soldat James Ryan (1998) verstärkt den großen Themen der
Geschichte zu, die für ihn lange Zeit ohne Belang gewesen waren.
Das Kino war nicht einfach Zuschauer des »Memory Boom«, sondern einer seiner Hauptdarsteller – mit der Konsequenz, dass
einige englische Historiker sich kürzlich fragten, ob Hollywood
ihnen nicht »die Geschichte gestohlen« habe.[163]

Das Spektakel des Gedenkens

Ausgehend von dieser neuen Mode des Gedenkens und ihren spek-
takulärsten Formen sollen abschließend noch einmal die interikonischen Praktiken betrachtet werden, die die Berichterstattung
über den 11. September in den Medien prägten. Der Gedächtnis-
Kontext des Jahres, in dem die Attentate verübt wurden, verdient
in dieser Hinsicht besondere Aufmerksamkeit; denn 2001 jährte
sich der Angriff auf Pearl Harbor zum sechzigsten Mal. Lange vor
dem eigentlichen Gedenktag am 7. Dezember, genauer gesagt,
vom Januar an begannen die amerikanischen Medien, gleichsam
vom Fieber des Erinnerns ergriffen, das Publikum mit Sonderhef-
ten, Fernseh- und Radioprogrammen, Büchern und Filmen zu
überschwemmen, die dem »Tag der Schande« gewidmet waren.
Für die hier entwickelte Argumentation ist vor allem eines dieser
Medienprodukte von Interesse, nämlich der Disney-Blockbuster
mit dem einfachen Titel *Pearl Harbor* (Abb. 63 und 64).[164]
   Der Film wies alle Zutaten eines großen Hollywood-Erfolges
auf. Die Regie führte Michael Bay, Produzent war Jerry Bruckheimer, der bereits einige aufsehenerregende Actionfilme herausge-

bracht hatte, darunter den *box-office*-Erfolg *Armageddon* aus dem
Jahr 1998. Die Mittel, die für Schauspieler, Ausstattung und Spezialeffekte aufgewendet wurden, waren exorbitant; der Film, der
ganz in der Tradition Hollywoods steht, kostete insgesamt 135
Millionen Dollar und wurde, wie alle anderen Super-Produktionen
zuvor, als teuerster Streifen der Filmgeschichte präsentiert. Nach
einer langen Marketing- und Merchandisingkampagne lief er am
30. Mai 2001 anlässlich des Memory Days, des amerikanischen
Gedenktages, in über 3.000 Kinos des Landes an. Die Premiere war
spektakulär; die Disney-Studios hatten die Presse zu einer riesigen,
5 Millionen Dollar teuren Galaveranstaltung vor Ort nach Pearl
Harbor geladen. Dementsprechend ausführlich wurde in den
Medien über den Film berichtet, und dementsprechend groß war
dann auch sein Erfolg beim Publikum. Was hier indes besonders
interessiert, ist die Dynamik des Gedenkens, die der Film auslöste,
als er in die Kinos kam, und die allgemeine Begeisterung für
Medienerzeugnisse, die dem amerikanischen Angriff gewidmet
waren.

Wie Emily S. Rosenberg feststellt, veröffentlichte die Mehrheit
der amerikanischen Zeitungen und Magazine im Mai 2001 anläss-
lich der Premiere des Films längere Artikel über die Bombardie-
rung des Seestützpunktes oder auch Interviews mit Überlebenden.
Die Berichterstattung war um 30 % umfangreicher als 1991, dem
Jahr, in dem sich der Angriff zum fünfzigsten Mal jährte.[165] Der
Start von Jerry Bruckheimers Blockbuster, schreibt Rosenberg,
»machte aus Pearl Harbor eine wirkliche Kulturindustrie. [...] Die
Mall of America [ein riesiges Einkaufszentrum] in der Nähe von
Minneapolis in Minnesota feierte den Film mit einer Gala, die von
einer Parade und von Reden zu Ehren der Veteranen von Pearl
Harbor begleitet wurde. In der Premierennacht eröffneten alle
Fernsehsender meiner Heimatstadt die Lokalnachrichten nicht mit
Berichten über die wichtigen Steuervergünstigungen, die George
W. Bush vorgeschlagen und denen der Kongress zugestimmt hatte,
sondern mit Interviews mit Veteranen. In den Buchhandlungen
lagen Dutzende neuer oder neu aufgelegter Bücher über Pearl Harbor aus, und Amazon.com richtete auf seiner Startseite eigens eine
Spezialrubrik namens ›Pearl Harbor store‹ ein. Im Frühjahr 2001
konnte man alle möglichen Dokumentar- und Spielfilme über
Pearl Harbor in den Schaufenstern der Videotheken finden, und
das Fernsehen – vor allem History Channel – überschwemmte den

Abb. 63: Werbefoto für den Spielfilm *Pearl Harbor*, Regie: Michael Bay, Produzent: Jerry Bruckheimer für Disney, 2001

Zuschauer mit einer Flut neuer und alter Produktionen. Die Hersteller von Action Joe versuchten ihr schleppendes Geschäft dadurch anzukurbeln, dass sie ›Pearl Harbor‹-Modelle herausbrachten; Modemacher passten ihren ›Look‹ an den Stil der frühen vierziger Jahre an. […] Im Sommer 2001 gewann die Begeisterung für Pearl Harbor als stets griffbereiter Metapher in außenpolitischen Fragen zusätzlich an Aktualität. Der Verteidigungsminister der neuen republikanischen Regierung warb für ein umstrittenes Raketenprojekt, indem er auf die Gefahren eines ›Pearl Harbor des Weltalls‹ hinwies«.[166]

Der Disney-Film hat auf diese Weise maßgeblich dazu beigetragen, Pearl Harbor im kollektiven Gedächtnis der USA zu vergegenwärtigen: im ereignisbezogenen Gedächtnis genauso wie im visuellen. Denn Bruckheimers und Bays guter Ruf in Hollywood gründete in erster Linie auf ihrem Geschick, spektakuläre Spezialeffekte zu produzieren – insbesondere Explosionen. Der Ausdruck »blockbuster« – wörtlich »das, was das Viertel in die Luft gehen lässt« – scheint für die beiden erfunden worden zu sein. *Pearl Harbor* lässt jedenfalls an ihrem Renommee keinen Zweifel aufkommen. Im Gegenteil, wie das *making of* des Films zeigt, überstieg die Menge der abgebrannten pyrotechnischen Mittel – Sprengstoff, Rauchbomben und leicht entflammbare Produkte – alles, was bis dahin im Kino aufgewendet worden war. Die amerikanische Marine, die an der Produktion des Films beteiligt war, stellte sechs ehemalige Kriegsschiffe zur Verfügung, die während der Dreharbeiten ge-

Abb. 64: Werbefoto für den Spielfilm *Pearl Harbor*, Regie: Michael Bay, Produzent: Jerry Bruckheimer für Disney, 2001

sprengt wurden. »Wir haben sechs Schiffe in die Luft gejagt«, kommentiert Michael Bay, »das war vermutlich eine der gewaltigsten Explosionen, die je [für das Kino] verwirklicht wurden«.[167] Wie Rosenberg zu Recht bemerkt, »machten die Spezialeffekte das wahre Wesen des Films aus.«[168] Tatsächlich bleibt, wenn man den Film um sein eigentliches Handlungsgerüst, eine schmalzige Liebesgeschichte, kürzt, nicht sehr viel mehr übrig als eine lange Abfolge von Explosionen, Feuerkugeln, brennendem Kerosin und schwarzen Rauchwolken. Der Disney-Film reiht sich so vollkommen in die Tradition älterer Pearl-Harbor-Darstellungen ein, die gewöhnlich mit Archiv-Fotografien illustriert werden. Indem aber der Blockbuster diesen Ikonen Klang, Bewegung und Farbe hinzufügte, belebte er sie neu, ließ er sie im kollektiven Gedächtnis noch *präsenter* wirken.

Auch die Ikone von Iwojima war im Erinnerungskontext des Jahres 2001 allgegenwärtig. Ein Jahr zuvor hatte James Bradley, der Sohn eines der sechs von Rosenthal fotografierten Marines, ein Buch veröffentlicht, dessen Erfolg die Bedeutung des Bildes für das kollektive Gedächtnis der Amerikaner noch einmal steigern sollte. Die Publikation mit dem Titel *Flags of Our Fathers* war das Ergebnis langjähriger Forschungen und Befragungen; sie zeichnete die Geschichte der Schlacht von Iwojima nach, die Umstände, unter denen die sechs Männer die Flagge hissten, und die Auswirkungen, die das Foto von damals auf das weitere Schicksal der drei Überlebenden hatte.[169] Das Buch, das im Mai 2000 erschien, kam sofort

auf die Bestseller-Liste der *New York Times* und hielt sich dort vier-
zig Wochen lang bis zum Juli 2001, als es durch einen Taschen-
buchausgabe ersetzt wurde.

In den Monaten, die den Attentaten des 11. September 2001
vorausgingen, hatten sich also die Fahne von Iwojima und die Wolken von Pearl Harbor der visuellen Kultur der USA durch zahllose
Artikel, Bücher, Filme, Fernsehprogramme und andere damit
zusammenhängende Erzeugnisse fest eingeprägt. Mehr noch als auf
irgendetwas anderes verweist die Interikonizität des 11. September
auf diesen Gedächtniszusammenhang. So evoziert die Fotografie
der Feuerwehrmänner, die inmitten der Trümmer des World Trade
Center die Flagge hissen, nicht wirklich die Situation der Marines
von Iwojima, sondern eher das von Heldenmut und Demut
gekennzeichnete Porträt, welches Bradley von ihnen zeichnet. Und
auch das Bild des Feuerballs, den die Explosion der Kerosintanks
des Fluges 175 auslöste, und das Bild der schwarzen Rauchwolke
über New York rufen weniger den japanischen Angriff vom
7. Dezember 1941 in Erinnerung als seine ins Spektakel gewendete
Disney-Interpretation. Einigen aufmerksamen Beobachtern fiel
dies im Übrigen schon damals auf. Ende September merkte ein
besonders hellsichtiger Zuschauer von 31 Jahren in einem Leserbrief an eine Nachrichtensendung das Folgende an: »Die Leute aus
meiner Generation haben keine realen Erinnerungen [an Pearl
Harbor] im Kopf, sondern eher die Geschichten und die Filme;
und diese sind unmittelbar mit der Art und Weise verknüpft, wie
wir über das denken, was [in New York] geschehen ist«.[170] In der
Tat verweist die Bildwelt der Medien vom 11. September nicht auf
die Geschichte, sondern auf das Gedächtnis, ein Gedächtnis, welches zuerst durch die Unterhaltungsmaschinerie Hollywoods und
dann durch das Spektakel der Informationssendungen gefiltert
wurde.

Von den ersten Direktübertragungen an betonten zahlreiche
Kommentatoren diese Ähnlichkeit zwischen den Bildern der
Attentate und den Spektakeln Hollywoods.[171] »Es ist wie im Kino«,
rief eine Nachrichtensprecherin aus.[172] »Es sieht aus wie ein Aus-
schnitt aus einem schlechten Science-Fiction-Film«, fügte ein
Zuschauer hinzu.[173] Nach dem 11. September wurde dieser Vergleich sogar einer der wichtigsten Gemeinplätze in den Kommen-
taren über das Ereignis und seine Medialisierung. Wie der englische Wissenschaftler Roger Silverstone schreibt, war es »eine Plati-

tüde geworden zu sagen, man sei sich wie in Hollywood vorgekommen«.[174] In der Tat bildeten jene, die diesem Klischee entgingen, eine Ausnahme. Doch merkwürdigerweise spielen die meisten Filme, die angeführt wurden, in einer apokalyptischen Zukunft. *Independance Day* (1996) und *Armageddon* (1998), die beiden Filme, die am häufigsten genannt wurden, schildern zum einen die Vernichtung der wichtigsten amerikanischen Städte durch Außerirdische und zum anderen die Zerstörung des Planeten durch einen riesigen Asteroiden.

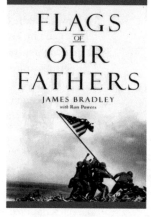

Abb. 65: James Bradley, mit Ron Powers, *Flags of Our Fathers*, New York, Bantam, 2000, vorderer Buchdeckel

Weil es aber in der logischen oder zeitlichen Ordnung keine Kausalzusammenhänge zwischen einer solchen Zukunft der Imagination und der Gegenwart der Tatsachen geben kann, fallen die Schlussfolgerungen, die aus diesen Analysen gezogen werden, meist eher dürftig aus. Man wundert sich über die Ähnlichkeit zwischen Hollywood und den Medien, beschränkt sich auf die Feststellung, die Grenzen zwischen Wirklichkeit und Fiktion würden durchlässig – was ein weiteres Klischee des aktuellen Bild-Diskurses ist; manchmal begibt man sich auch auf das unsichere Terrain der ›Vorahnungen‹. Hollywood, verkünden manche Kommentatoren, habe den 11. September ›prophezeit‹. »Hollywood hatte alles vorhergesehen«, schreibt beispielsweise Jean d'Ormesson in *Le Figaro*.[175] In einem Artikel mit der Überschrift »Hollywoods Prophezeiungen« erklärt ein anderer Journalist: »Diese Spielfilme wirken auf uns wie der Kinotrailer einer unausweichlichen Katastrophe«.[176] Auch der englische Leitartikler Mark Lawson stellt eine Verbindung zwischen den Bildern der Attentate und den amerikanischen Katastrophenfilmen her und will darin so etwas wie einen »fotografischen Nostradamus« erkennen.[177]

Die Aporie dieser ›Foto-Propheten-Argumentationen‹ bestätigt, dass die Analyse der Interikonizität sich nicht der Zukunft (der Imagination), sondern der Vergangenheit (des Gedächtnisses) zuwenden sollte. Der Rückgriff auf visuelle Register des amerikanischen Kinos in Filmen des Gedenkens (*Pearl Harbor*) anstelle von Filmen der Vorwegnahme (*Armageddon*[178]) ist nicht nur theoretisch hilfreicher, er erlaubt es auch, umgekehrte Schlüsse zu ziehen. Hollywood hatte offensichtlich nicht den 11. September vorhergesehen, ganz im Gegenteil: die Berichterstattung über die Attentate in den Medien war von der Hollywood-Sicht der amerikanischen Erinnerungskultur bestimmt. Die gegenwärtige Banalisierung interikonischer Verfahren ist nicht einfach nur einem inflationär funktionierenden Gedächtnis geschuldet; sie ist vielmehr eine Frucht der Verbindung von »Memory Boom« und »Gesellschaft des Spektakels«.

Postskriptum II

Dass sich das Gedächtnis in den Printmedien inzwischen in Gestalt der visuellen Codes der Hollywood-Spektakel äußert, ist eine weitere Folge der Globalisierung. Wie im ersten Teil des vorliegenden Essays dargelegt wurde, engagieren sich bestimmte Firmen sowohl in der Unterhaltungsindustrie wie auch im Nachrichtenwesen. Dementsprechend erscheint es fast schon ›natürlich‹, dass die Berichterstattung über die Attentate in den Fernsehsendern, Magazinen und Zeitungen des Disney-Konzerns in starkem Maße von ihrem wichtigsten Thema in diesem Jahr geprägt waren, dem Spielfilm *Pearl Harbor*, für den sie sich in den Monaten zuvor mit so viel Leidenschaft eingesetzt hatten. Dieses Phänomen einer Standardisierung ist indessen nicht auf Micky Maus' Reich beschränkt, auch nicht auf die USA. Die Logik der Nivellierung, bei welcher die Information die Reflexe des *Entertainment* übernimmt und so zum *Infotainment* wird, ist heute in den meisten westlichen Gesellschaften zu beobachten, einmal, weil unsere Medien den gleichen Prinzipien der Konzentrierung unterworfen sind – mit all dem, was sich daraus ergibt –, und zum anderen, weil die Herrschaft des Hollywood-Spektakels anscheinend überall dieselben Gedächtnis-Referenzen durchsetzt. Wie sonst lässt sich erklären, dass 10 % der französischen Titelseiten in den ersten Tagen das Bild der drei Feuerwehrmänner von Ground Zero übernommen haben, obwohl es im kollektiven Gedächtnis Frankreichs ohne Bezugspunkt ist? Und selbst wenn die interikonische Wahl eine andere Meinung spiegelt – man denke z. B. an den Verweis auf Vietnam –, so geschieht dies doch immer durch den Filter einer Hollywood-Erinnerung: *Apocalypse Now*.

Hinter dieser Standardisierung des Gedächtnisses verbirgt sich eine andere Form der Globalisierung, die weniger sichtbar und zugleich heimtückischer ist als jene, mit der man sich gewöhnlich auseinandersetzt. Phänomene der Globalisierung werden gewöhnlich räumlich, d. h. unter geographischen Gesichtspunkten betrachtet. Es geht, einfach ausgedrückt, darum, dass die gleiche Coca-Cola in Seattle, München oder Peking getrunken wird. Dies wurde im ersten Teil des vorliegenden Essays erläutert, indem gezeigt wurde, dass ein Großteil der amerikanischen, europäischen und arabischen Zeitungen dieselben Fotografien veröffentlicht hatten: ein Umstand, der mit der Konzentrierung der Vertriebsnetze erklärt wurde. Die weltweite Verbreitung des Hollywood-Gedächtnisses, die eben beschrieben wurde, führt dies noch einmal vor Augen. Die Analyse der Interikonizität macht aber zugleich deutlich, dass das Phänomen der Uniformierung nicht nur räumlich, sondern auch zeitlich wirkt. Die Standardisierung des visuellen Angebots findet gleichermaßen im Raum wie in der Zeit statt, genauer: auf der Ebene der Geschichte, im Medium des kollektiven Gedächtnisses. In ihren medialen Repräsentationen ähneln die heutigen Ereignisse mehr und mehr denen der Vergangenheit. Untersucht man die Berichterstattung über die Attentate des 11. September in der Presse, so begreift man, dass das ›Globale Dorf‹ mittlerweile genauso die vertikale wie die horizontale Achse umfasst. Sowohl die Eigentümlichkeiten, die jedes historische Ereignis kennzeichnen, als auch die Besonderheiten, die seine jeweilige Wahrnehmung von Land zu Land unterscheiden, werden so demselben Prozess der Uniformierung unterworfen. Es geht den Erinnerungen folglich wie den Territorien: Im Zeitalter der Globalisierung lösen sich beide auf.

Princeton, März 2005 – Rom, September 2006

Dank

Die Recherchen, auf denen das vorliegende Buch aufbaut, wurden zu einem Großteil durch ein Stipendium (Gould Fellowship) des Department of Art and Archeology der University of Princeton ermöglicht. Ich bin Prof. Anne McCauley, die mir die Teilnahme an diesem Forschungsprogramm ermöglicht hat, zu großem Dank verpflichtet. Ebenso schulde ich Richard Pedruzzi Dank, dem Direktor der Villa Médicis in Rom, wo ich in der folgenden Zeit diesen Essay schreiben konnte.

Des Weiteren möchte ich all jenen danken, die auf die eine oder andere Weise mich in meinen Forschungen geleitet, unterstützt oder bestärkt haben: Ilsen About, Horacio Amigorena, Kari Andén-Papadopoulos, Marc Bayard, Joelle Beurrier, Agnès Colmache, Jeff Guess, Arno Gisinger, André Gunthert, Florian Ebner, Catherine Harmant, Jeffrey Kerney, Svetlana Khatchatourova, Mette Kia Krabbe Meyer, Vincent Lowy, Michel Poivert, Thomas Salvador, Sophie Schmitt, Virginie Schmitt, Angela Stahl, Sam Stourdzé, Jacques Walter und Paul-Louis Roubert, der mir die Nachricht überbrachte.

Mein aufrichtiger Dank gilt schließlich François Brunet, Florent Brayard und Valérie Vignaux, die es auf sich genommen haben, diesen Essay gegenzulesen. Ihre Lektüre führte nicht nur zu notwendigen Korrekturen, sondern war auch Anlass für viele anregende Diskussionen.

Anmerkungen

1 Pascal Convert, »Images passages«, in: *Art press*, Sondernummer: *Images et religions du livre* 25 (2004), S. 90. – Soweit nicht anders angegeben, wurden alle französischen und englischen Zitate von Robert Fajen übersetzt. An dieser Stelle sei Clément Chéroux für die freundliche Bereitstellung der englischsprachigen Originalzitate gedankt.

2 Marc Bloch, »Réflexions d'un historien sur les fausses nouvelles de la guerre [1921]«, in: Ders., *L'Histoire, la Guerre, la Résistance*, hg. von Anette Becker und Étienne Bloch, Paris: Gallimard 2006, S. 316.

3 Vgl. Georges Didi-Huberman, *Bilder trotz allem*, aus dem Französischen von Peter Geimer, München: Fink 2007.

4 Roland Barthes, »Die Fotografie als Botschaft«, in: Ders., *Der entgegenkommende und der stumpfe Sinn. Kritische Essays III*, aus dem Französischen von Dieter Hornig, Frankfurt a. M.: Suhrkamp 1990, S. 11–27, hier: S. 26; ders., »Schockphotos«, in: Ders., *Mythen des Alltags*, aus dem Französischen von Horst Brühmann, Frankfurt a. M.: Suhrkamp 2010, S. 135–138.

5 Vgl. Alex P. Schmid und Janny de Graaf, *Violence as Communication. Insurgent Terrorism and the Western News Media*, Newburg Park: Sage 1982; Brigitte L. Nacos, *Mass-Mediated Terrorism. The Central Role of the Media in Terrorism and Counterterrorism*, New York: Rowman & Littlefield Publishers 2002.

6 Vgl. Ilsen About und Clément Chéroux, *Fotografie und Geschichte*, aus dem Französischen von Robert Fajen, Leipzig: Institut für Buchkunst 2004.

7 Barthes, *Mythen des Alltags*, S. 12.

8 Zur Architektur des World Trade Centers siehe Jean-Yves Andrieux und Frédéric Seitz, *Le World Trade Center, une cible monumentale*, Paris: Belin 2002.

9 Vgl. John M. Higgins, »Made-for-TV terrorism«, in: *Broadcasting Cable*, 17. September 2001, S. 3–8.

10 Amy Reynolds und Brooke Barnett, »»America under Attack«: CNN's Verbal and Visual Framing of September 11«, in: Steven Chermak, Frankie Y. Bailey und Michelle Brown (Hg.), *Media Representations of September 11*, Westport, London: Praeger 2003, S. 97. Zur Darstel-

lung der Attentate im Fernsehen siehe auch die übrigen Aufsätze dieses Bandes; vgl. weiter Carol Gluck, »11 Septembre. Guerre et télévision au XXIe siècle«, in: *Annales. Histoire, Sciences sociales* 1 (Januar-Februar 2003), S. 135–162; Susan Ellingwood (CBS News), *What We Saw. The Event of September 11, 2001 – In Words, Pictures and Video*, New York: Simon & Schuster 2002; Judith Sylvester und Suzanne Huffman (Hg.), *Women Journalists at Ground Zero. Covering Crisis*, New York: Rowman & Littlefield Publishers 2002; »11 septembre 2001, la guerre en direct«, in: *Médiamorphoses* 4 (März 2002), S. 3–16; Daniel Dayan (Hg.), »À chacun son 11 septembre?«, *Dossiers de l'audiovisuel* 104 (Juli-August 2002); ders. (Hg.), *La Terreur spectacle. Terrorisme et télévision*, Paris: De Boeck/INA 2006.

11 Felicity Barringer und Geraldine Fabrikant, »As an Attack Unfolds. A Struggle to Provide Image to Homes«, in: *New York Times*, 12. September 2001, S. A25.

12 Vgl. Lisa de Moraes, »Putting Rivalries Aside, TV Networks Share All Footage of Tragedies«, in: *The Washington Post*, 12. September 2001, S. C7.

13 Siehe z. B. Isabelle Veyrat-Masson, »Les intellectuels français face au 11 septembre«, in: Dayan (Hg.), »À chacun son 11 septembre?«, S. 35; Maurice Levy, zitiert in: *Libération*, 15.–16. September 2001, S. 23.

14 Bemerkung einer dem Autor nahestehenden Person.

15 Jean-Luc Godard, »Le cinéma a été l'art des âmes qui ont vécu intimement dans l'Histoire« (Gespräch mit Antoine de Baecque), in: *Libération*, 6.–7. April 2002, S. 45.

16 Eine Ausnahme bildet ein Aufsatz von Donna Spalding Andréolle, der ähnlich vorgeht wie die vorliegende Darstellung. Vgl. Donna Spalding Andréolle, »Media Representations of ›the Story of 9-11‹ and the Reconstruction of the American Cultural Imagination«, in: *Erfurt Electronic Studies in English* 3 (2003), abrufbar unter: www.uni-erfurt.de/eestudies/eese/artic23/andrea/3_2003.html.

17 Bei fast 1.500 täglich in den USA veröffentlichten Titeln (»Daily and Sunday Newspapers – Number and Circulation: 1970 to 2001«, in: *Statistical Abstract of the United States*, Washington D.C., US Census Bureau, table 1107, abrufbar unter www.census.gov/prod/www/statisticalabstract-2001_2005.html) können die 400 hier versammelten Titelseiten, die teilweise an beiden Tagen identisch sind, als repräsentatives Korpus zur Berichterstattung über die Attentate in der Presse angesehen werden. Beide Tage mussten berücksichtigt werden, weil an der Ostküste, wo sich die Angriffe ereigneten, abgesehen von einigen Abendbeilagen und Sonderausgaben, die ersten Morgenzeitungen, die über sie informierten, am 12. erschienen.

18 Vgl. Elizabeth Perse, Nancy Signorielli, John Courtright, Wendy Samter, Scott Caplan, Jennifer Lambe, Xiaomei Cai, »Public Perceptions of Media Functions at the Beginning of the War on Terrorism«, in: Bradley S. Greenberg (Hg.), *Communication and Terrorism. Public and Media Responses to 9/11*, Cresskill, New Jersey: Hampton Press 2002, S. 40.

19 Vgl. *September 11, 2001, A collection of Newspaper front pages selected by the Poynter Institute*, Kansas City: Andrews McMeel Publishing 2001; *Die Erste Seite. Internationale Schlagzeilen nach dem 11. September 2001*, Köln: Verlag Karl Müller 2002; sowie die Internetseiten: www.poynterextra.org; www.newseum.org; www.september11news. com.

20 Vgl. *News Herald*, 12. September 2001, S. 1; *News-Gazette*, 12. September 2001, S. 1. Zu den Zeitungen aus Washington siehe z. B. die *Potomac News* oder den *Manassas Journal Messenger* vom 12. September 2001, S. 1.

21 Vgl. Greenberg (Hg.), *Communication and Terrorism*, S. 9.

22 Siehe z. B. *The Topeka Capital-Journal*, 11. September 2001, S. 1; *Morning News*, 11. September 2001, S. 1; *The Oakland Press*, 11. September 2001, S. 1; *The Tennessean*, 12. September 2001, S. 1.

23 Monica Moses und Jim Naughton, »Ms. Future and the Caveman. A civilized Debate on the Design of Wednesday's Front Pages«, 25. September 2001, Online-Artikel auf der Internetseite Poynteronline, abrufbar unter: www.poynteronline.org/content/content_view.asp?id =5930.

24 Moses/Naughton, »Ms. Future and the Caveman«. In Frankreich wird dies seit Jahren z. B. von der Zeitung *Libération* praktiziert.

25 Moses/Naughton, »Ms. Future and the Caveman«.

26 Vgl. dazu Oliver Lugon, *Le Style documentaire. D'August Sander à Walker Evans. 1920–1945*, Paris: Macula 2001.

27 Anne Battestini, »Evénement ou hallucination? La symbolisation d'un tournant historique par les ›Unes‹ du 12 septembre«, *Communication & Langages* 133 (September 2002), S. 67–68.

28 Jean Chevalier und Alain Gheerbrant, »Nuage-Nuée«, in: *Dictionnaire des symboles*, Paris: Seghers 1974, S. 284.

29 Vgl. John A. Popplestone und Marion White McPherson, *An Illustrated History of American Psychology*, Madison: Brown & Benchmark 1994, S. 142.

30 Siehe auch *The Mirror*, 13. September 2001, S. 15; *Le Nouvel Observateur*, 20.–26. September 2001, Titelseite; sowie die Internetseite: www.september11news.com

31 Shahira Fahmy, *Many Images, One World: An Analysis of Photographic Framing and Photojournalists' Attitudes of War and Terrorism*, PhD dis-

sertation presented to The Faculty of the Graduate School University of Missouri, Columbia, August 2003, S. 108.

32 Die wiederkehrenden Bildtypen auf den Titelseiten der französischen Zeitungen vom 12. und 13. September sind genau die gleichen wie die der amerikanischen Presse (Explosion, Wolke, Ruine, Flugzeug, Panik, Flagge). Im zweiten Teil der vorliegenden Studie wird auf die Statistik der französischen Presse noch genauer eingegangen.

33 Vgl. Pascal Convert, »Médée l'Algérienne«, in: *Art Press* 286 (Januar 2003), S. 19–21; Claire Guillot, »L'emcombrante ›Madone‹ d'Hocine Zaourar«, in: *Le Monde*, 7. Oktober 2005.

34 James Jack, zitiert nach Keith Axline, »Auction Site Pulls Tower Items«, 12. Dezember 2001, Onlineartikel auf der Internetseite *Wired News*, abrufbar unter: www.wired.com/news/business/0,1367, 46736,00.html.

35 Interview mit Joan Rosen in: Cathy Trost und Alicia C. Shepard (Newseum), *Running Toward Danger. Stories Behind the Breaking News of 9/11*, New York: Rowman & Littlefield Publishers 2002, S. 158.

36 Vgl. Peter Howe, »Seeing the Horror – The New York Times«, in: *The Digital Journalist*, 2001, Online-Artikel, abrufbar unter: www.digital-journalist.org/issue0110/nyt_intro.htm.

37 Interview mit Elinor Tatum, in: Trost/Shepard (Newseum), *Running Toward Danger*, S. 179.

38 Vgl. Judith Greenberg (Hg.), *Trauma at Home. After 9/11*, Lincoln, London: University of Nebraska 2003; Barbie Zelizer, »Photography, Journalism and Trauma«, in: Dies. und Stuart Allan (Hg.), *Journalism after September 11*, London, New York: Routledge 2002, S. 48–68; dies., »Finding Aids to the Past: Bearing Personal Witness to Traumatic Public Events«, in: *Media, Culture & Society* 24,5 (2002), S. 697–714; Marianne Hirsch, »I Took Pictures: September 2001 and Beyond«, in: Greenberg (Hg.), *Trauma at Home*, S. 69–86; Fritz Breithaupt, »Rituals of Trauma: How the Media Fabricated September 11«, in: Chermak/Bailey/Brown (Hg.), *Media Representations of September 11*, S. 67–81; Kari Andén-Papadopoulos, »The Trauma of Representation. Visual Culture, Photojournalism and the September 11 Terrorist Attack«, *Nordicom Review* 2 (2003), S. 89–103.

39 Vgl. Jean Laplanche und J.-B. Pontalis, »Abréaction«, »Compulsion de répétition«, »Trauma ou traumatisme«, in: *Vocabulaire de la psychanalyse*, Paris: Presses Universitaires de France 1976, S. 1–2, 86–89 und 499–503.

40 Patricia Cohen, »When Repetition Is Helpful Rather Than Annoying«, in: *New York Times*, 17. September 2001, S. E2.

41 Jacques Derrida und Jürgen Habermas, *Philosophie in Zeiten des Terrors. Zwei Gespräche geführt, eingeleitet und kommentiert von Giovanna Borradori*, aus dem Englischen und Französischen von Ulrich Müller-Schöll, Hamburg: Europäische Verlagsanstalt 2006, S. 119.

42 Breithaupt, »Rituals of Trauma«, S. 67 und 73.

43 Augenzeuge, zitiert nach Pierre Georges, »Les virgules noires«, in: *Le Monde*, 13. September 2001, S. 36.

44 Matthew Cornelius, zitiert nach Afsané Bassir Pour, »Circulez vers Broadway, et ne regardez surtout pas sur votre gauche«, in: *Le Monde*, 13. September 2001, S. 3.

45 Jules Naudet, der sich in der Eingangshalle des Nordturmes aufhielt, berichtet, zu den ersten Stürzen aus den Fenstern sei es nach dem Einschlag des zweiten Flugzeuges um 9.02 Uhr gekommen; zitiert in: Ellingwood (CBS News), *What We Saw*, S. 23.

46 Vgl. Trost/Shepard (Newseum), *Running Toward Danger*, S. 47.

47 Nathan Benn, zitiert in: Frédérique Deschamp, »Derrière le mur d'images«, in: *Libération*, 9. September 2002, S. 10. – In der vorliegenden Studie steht die Verbreitung der Bilder im Mittelpunkt; daher kann ich auf die Bedingungen, unter denen diese Fotografien gemacht wurden, nicht näher eingehen. Genauso wenig berücksichtige ich die Bilder von Leichen oder Leichenteilen, die gefunden wurden, als die Trümmer abgetragen wurden, da diese Fotografien erst später, nach den hier behandelten ersten beiden Tagen, veröffentlicht wurden.

48 Eine gute Zusammenfassung dieser Kontroverse findet sich in Jim Rutenberg und Felicity Barringer, »News Media Try to Sort Out Policy on Graphic Images«, in: *New York Times*, 13. September 2001, S. A24.

49 Zu diesem Bild vgl. besonders Tom Junod, »The Falling Man«, in: *Esquire*, 140,3 (September 2003), abrufbar unter: www.esquire.com/features/articles/2003/030903_mfe_falling_1.html; Peter Howe, »Richard Drew«, in: *The Digital Journalist*, 2001, abrufbar unter: www.digitaljournalist.org/issue0110/drew.htm; Marina Artusa, »Did you run this photo?«, in: *Columbia Journalism Review* 4 (Juli-August 2002), S. 47; Andrea Fitzpatrick, »The Falling Man of September 11, 2001: Discordant Appeals for Ethics and Identity«, in: *Journal for the Arts, Sciences, and Technology* 2,2 (2004), S. 50–56.

50 Interview mit Naomi Halperin, in: Trost/Shepard (Newseum), *Running Toward Danger*, S. 197.

51 E-Mail an Glenn Guzzo, den Chefredakteur der *Denver Post*, zitiert in: Rutenberg/Barringer, »News Media Try to Sort Out Policy on Graphic Images«, S. A24.

52 *New York Daily News*, 11. September 2001, letzte Ausgabe.

53 Ed Kosner, zitiert in: Deschamp, »Derrière le mur d'images«, S. 10.

54 Kristina Borjesson, *Feet to the Fire: The Media after 9/11 – Top Journalists Speak Out*, New York: Prometheus Book 2005; Alexandre Lévy und François Bugingo, »Entre tentation patriotique et autocensure. Les médias américains dans la tourmente de l'après-11 septembre. Rapport de mission à New York, 26 septembre au 2 octobre 2001«, Oktober 2001, Onlineartikel auf der Internetseite von Reporters Sans Frontières, abrufbar unter: www.rsf.org/rsf/html/dossiers_speciaux/ 11septembre.html.

55 Don Emmert, zitiert in: Lévy/Bugingo, »Entre tentation patriotique et autocensure«.

56 Leonard Downie, zitiert in: Doris Graber, »Styles of Image Management during Crises: Jutifying Press Censorship«, in: *Discourse & Society* 14,5 (2003), S. 546.

57 Christian Delage, »Une censure intériorisée? Les premières images des attentats du 11 septembre 2001«, in: *Ethnologie française* 36 (Januar-März 2006), S. 91–99.

58 George Orwell, »The Freedom of the Press«, in: *Animal Farm: A Fairy Story* [1945], New York: Chelsea House Publishers 1995, abrufbar unter: www.orwell.ru/library/novels/Animal_Farm/english/efp_go.

59 Vgl. Rutenberg/Barringer, »News Media Try to Sort Out Policy on Graphic Images«, S. A24.

60 Susan Sontag, »Photosensible« (Gespräch mit Clément Chéroux, Protokoll von Sylvain Bourmeau), in: *Les Inrockuptibles*, 412 (22.–28. Oktober 2003), S. 66.

61 Vgl. Graber, »Styles of Image Management during Crises«, S. 539–557.

62 Zur Konzentrierung in den Medien vgl. Ben H. Bagdikian, *The New Media Monopoly*, Boston: Beacon Press 2004; Erik Barnouw et al., *Conglomerates and the Media*, New York: The New Press 1997; Observatoire français des médias, *Sur la concentration dans les médias*, Paris: Liris 2005; Oliver Boyd-Barrett und Terhi Rantanen (Hg.), *The Globalization of News*, London: Sage Publications 1998; Stig Hjarvard (Hg.), *Media in a Globalized Society*, Kopenhagen: Museum Tusculanum Press, University of Copenhaguen 2003.

63 Vgl. Bagdikian, *The New Media Monopoly*; ders., »The 50, 26, 20… Corporations That Own Our Media«, in: *Extra!*, Juni 1987, abrufbar auf der Homepage von FAIR (Fairness & Accuracy in reporting), www.fair.org/index.php?page=1498.

64 Todd Gitlin, »Introduction«, in: Barnouw et al., *Conglomerates and the Media*, S. 10.

65 Vgl. Pam Eversole, »Consolidation of Newspapers: What Happens to the Consumer?«, in: *Journalism Quarterly*, Sommer 1971, zitiert in: Bagdikian, *The New Media Monopoly*, S. 196 und Anm. 41, S. 278.

66 Ebd.

67 Vgl. Peter Watkins, *Media Crisis*, Paris: Éditions Homnisphères 2003.

68 Janine Brémond, »Lagardère, Bouygues, Dassault, Vivendi, Bertelsmann, et quelques autres«, in: Observatoire français des médias, *Sur la concentration dans les médias*, S. 38; Robert W. McChesney und John Nichols, *Our Media Not Theirs. The Democratic Struggle Against Corporate Media*, New York: Seven Stories Press 2002.

69 Michel Guerrin, »Les grandes agences photo au bord de l'implosion«, in: *Le Monde*, 12 janvier 2002, S. 13. Zu diesem Thema vgl. auch das Dossier »Le blues des agences« in der Zeitschrift *Parallax*, 2 (Mai–Juni 2004), S. 24–27; Christian Caujolle, »Presse et photographie, une histoire désaccordée«, in: *Le Monde diplomatique*, 582 (September 2002), S. 26–27.

70 Guerrin, »Les grandes agences photo au bord de l'implosion«, S. 13.

71 Vgl. Hubert Henrotte, *Le Monde dans les yeux. Gamma-Sygma, l'âge d'or du photojournalisme*, Paris: Hachette 2005.

72 Vgl. Henri Pigeat, *Les Agences de Presse. Institutions du passé ou médias d'avenir*, Paris: La Documentation française 1997.

73 Marc Twain, zitiert in: Vincent Alabiso, Kelly Smith Tunney und Chuck Zoeller (Hg.), *Flash! The Associated Press Covers the World*, New York: Associated Press/Harry N. Abrams 1998, S. 184.

74 Guy Debord, Die Gesellschaft des Spektakels, aus dem Französischen von Jean Jacques Raspaud, Berlin: Ed. Tiamat 1996, S. 53 (These 66). Ich greife hier auf das Konzept der ›Globalisierung‹ zurück, nicht nur, weil es auf dem Gebiet der Medienwissenschaften – Marshall MacLuhans »Globales Dorf« – geprägt wurde, sondern auch, weil es vom hier behandelten System eine Vorstellung vermittelt, die im Gegensatz zum in Frankreich gebräuchlichen Begriff der ›Mondialisierung‹ nicht ausschließlich auf seine geographische Dimension beschränkt ist. Vgl. dazu auch Serge Cordellier, *La Mondialisation au-delà des mythes*, Paris: La Découverte 2000; Philippe Moreau Defarges, *La Mondialisation*, Paris: Presses Universitaires de France 1997; Serge Latouche, *La Planète uniforme*, Paris: Climats 2000; Dominique Wolton, *L'Autre mondialisation*, Paris: Flammarion 2003.

75 Vgl. Alice Rose George, Gilles Peress, Michael Shulan und Charles Traub, *Here is New York. A Democracy of Photographs*, Zürich, Berlin, New York: Scalo 2002; www.hereisnewyork.org.

76 Michael Shulan, zitiert in: Andén-Papadopoulos, »The Trauma of Representation«, S. 94.

77 Gilles Deleuze (Interview mit Claire Parnet, Regie und Produktion Pierre-André Boutang), »R comme résistance«, in: *Abécédaire. Gilles Deleuze von A bis Z*, aus dem Französischen von Valeska Bertoncini [DVD], absolut Medien/Zweitausendundeins, 2009–2010; ders.,

»Qu'est-ce que l'acte de création?« [Vortrag an La Fémis 1987], in: Ders., *Deux régimes de fous et autres textes*, hg. von David Lapoujade, Paris: Minuit 2003, S. 291–302.

78 Breithaupt, »Rituals of Trauma«, S. 75.

79 Daniel Schneidermann, *Le Cauchemar médiatique*, Paris: Denoël 2004, S. 135.

80 Jorge Lozano, »Sémiotique de l'événement et explosion«, in: Dayan (Hg.), *La Terreur spectacle*, S. 75.

81 Franklin D. Roosevelt, »Proposed Message to the Congress«, 7. Dezember 1941, S. 1, Franklin D. Roosevelt Library. Das Original-Typoskript von Roosevelts Rede ist abgedruckt in Emily S. Rosenberg, *A Date Which Will Live. Pearl Harbor in American Memory*, Durham, London, Duke University Press 2003, S. 32, Abb. 4 (Hervorhebung C. C.). Zum Gebrauch des Worts »Infamy« siehe auch William Safir, »On Language, Infamy, Words of the War on Terror«, in: *New York Times Magazine*, 23. September 2001, S. 32.

82 Vgl. Betty Houchin Winfield, Barbara Friedman und Vivara Trisnadi, »History as the Metaphor through Which the Current World Is Viewed: British and American newspapers' uses of history following the 11 September 2001 terrorist attacks«, in: *Journalism Studies* 3,2 (2002), S. 289–300.

83 Anonymer Augenzeuge, zitiert in: N. R. Kleinfield, »A Creeping Horror and Panicked Flight as Towers Burn, Then Slowly Fall«, in *New York Times*, 12. September 2001, S. A7.

84 Dan Rather, zitiert in: Cary James, »Live Images Make Viewers Witnesses to Horror«, in: *New York Times*, 12. September 2001, S. A. 25.

85 Zum Vergleich zwischen dem 11. September und Pearl Harbor vgl. Rosenberg, *A Date Which Will Live*; und die lesenswerten Aufsätze von Geoffrey M. White, »War Memory and American Patriotism: Pearl Harbor and 9-11«, in: Laura Hein und Daizaburo Yui, *Crossed Memories: Perspectives on 9/11 and American Power*, Center for Pacific and American Studies, The University of Tokyo, 2003, abrufbar unter: www.cpas.c.u.-tokyo.ac.jp; ders., »National subjects: September 11 and Pearl Harbor«, in: *American Ethnologist* 31,3 (2004), S. 293–310, sowie Marcia Landy, »›America under Attack‹, Pearl Harbor, 9/11, and History in the Media«; in: Wheeler Winston Dixon (Hg.), *Film and Television after 9/11*, Carbondale: Southern Illinois University Press 2004, S. 79–100; Dan Scroop, »September 11th, Pearl Harbor and the Uses of Presidential Power«, in: *Cambridge Review of International Affairs* 15,2 (2002), S. 317–327; James J. Wirtz, »Déjà Vu? Comparing Pearl Harbor and September 11«, in: *Harvard International Review* 24,3 (Herbst 2002), S. 73–77; Bonnie Brennen und Margaret Duffy, »›If A Problem Cannot Be Solved,

Enlarge It‹: an ideological critique of the ›Other‹ in Pearl Harbor and September 11 *New York Times* coverage«, in: *Journalism Studies* 4,1, (2003), S. 3–14; Tom Brokaw, »Two Dates Which Will Live in Infamy«, in: *The San Diego Union-Tribune*, 7. Dezember 2001, S. B13.

86 Vgl. Susan Sontag, »The disconnect…«, in: *The New Yorker*, 24. September 2001, S. 32; Noam Chomsky, *11/9*, New York: Seven Stories Press 2001; Fred L. Borch, »Comparing Pearl Harbor and ›9/11‹: Intelligence Failure? American Unpreparedness? Military Responsibility?«, in: *The Journal of Military History* 67 (Juli 2003), S. 845–860.

87 Vgl. John Toland, *Infamy: Pearl Harbor and Its Aftermath*, New York: Doubleday 1982; Robert B. Stinnett, Day of Deceit: *The Truth About FDR and Pearl Harbor* [1999], New York: Touchstone 2001.

88 Vgl. Thierry Meyssan, *L'Effroyable imposture*, Paris: Carnot 2002; David Ray Griffin, *The New Pearl Harbor. Disturbing Questions about the Bush Administration and 9/11*, Northampton: Olive Branch Press 2004; Rowland Morgan und Ian Henshall, *9/11 Revealed. The Unanswered Questions*, New York: Carroll & Graf Publishers 2005.

89 Donald Kagan, Gary Schmitt und Thomas Donnelly, *Rebuilding America's Defenses, Strategy, Forces and Resources For a New Century*, Projektbericht für das Neue Amerikanische Jahrhundert, September 2000, abrufbar unter: www.newamericancentury.org/publicationsreports.htm, S. 51 (Hervorhebung C. C.). Eine auf den Vergleich zwischen 11. September und Pearl Harbor bezogene Analyse dieses Dokuments gibt Inderjeet Parmar, »Catalysing Events, Think Tanks and American Foreign Policy Shifts: A Comparative Analysis of the Impacts of Pearl Harbor 1941 and 11 September 2001«, in: *Government and Opposition* 40,1 (2005), S. 1–25.

90 Vgl. Susan D. Moeller, *Shooting War. Photography and the American Experience of Combat*, New York: Basic Books 1989. In welchem Maße das Bild von Pearl Harbor durch Fotografien von Feuer und Rauch geprägt ist, lässt sich u. a. im folgenden Band nachvollziehen: Donald M. Goldstein, Katherine V. Dillon und J. Michael Wenger, *The Way it Was, Pearl Harbor, the Original Photographs*, Washington: Brassey's 1991.

91 Moeller, *Shooting War*, S. 235.

92 Diese Statistik basiert auf demselben Korpus der 400 amerikanischen Titelseiten vom 11. und 12. September, das bereits im vorausgehenden Kapitel verwendet wurde. Insgesamt gibt es 28 Titelseiten, die in ihren Schlagzeilen oder Unterschriften auf Pearl Harbor verweisen. Von diesen 28 Titelseiten zeigen 20, also 71,5 %, darüber hinaus auch das Bild einer Explosion oder einer Rauchwolke.

93 Evan Thomas, »A New Date of Infamy«, in: *Newsweek (Extra Edition, America under Attack)*, 13. September 2001, S. 24.

94 Thomas Franklin, zitiert in: Trost/Shepard (Newseum), *Running Toward Danger*, S. 204.

95 Bei meiner Analyse des Bildes stütze ich mich v. a. auf vier Werke: Karal Ann Marling, und John Wetenhall, *Iwo Jima. Monuments, Memories, and the American Hero*, Cambridge, London: Harvard University Press 1991; Parker Bishop Albee Jr. und Keller Cushing Freeman, *Shadow of Suribachi. Raising the Flags on Iwo Jima*, Wesport, London: Praeger 1995; Tedd Thomey, *Immortal Images. A Personal History of Two Photographers and the Flag Raising on Iwo Jima*, Annapolis: Naval Institute Press 1996; James Bradley, mit Ron Powers, *Flags of Our Fathers* [2000], New York: Bantam Books 2001 (dt.: *Die Flaggen unserer Väter*, aus dem Amerikanischen von Franka Reinhart und Helmut Dierlamm, München: Heyne 2007); sowie Rosenthals eigene Darstellung: Joe Rosenthal und W. C. Heinz, »The Picture that Will Live Forever«, in: *Collier's*, 18. Februar 1955, S. 23, 62–67 und 98.

96 So z. B. im Film *Level Five* (1996) von Chris Marker.

97 Vgl. Rosenthal/Heinz, »The Picture that Will Live Forever«, S. 65.

98 *New York Times*, 25. Februar 1945, zitiert in: Bradley/Powers, *Flags of Our Fathers*, S. 221.

99 Davon berichtet Rosenthal selbst 1956: Rosenthal/Heinz, »The Picture that Will Live Forever«, S. 62.

100 Nachzulesen bei: Rosenthal/Heinz, »The Picture that Will Live Forever«, S. 62; Bradley/Powers, *Flags of Our Fathers*, S. 3; Stanley E. Kalish und Clifton C. Edom, *Picture Editing*, New York, Toronto: Rinehart & Company 1951, S. 18.

101 Das Werk wird heute im Museum Ludwig in Köln aufbewahrt.

102 Vgl. John Hartley, »The Photograph that Won the War«, in: *Popular Reality, Journalism, Modernity, Popular Culture*, New York: Arnold 1996, S. 218–219.

103 Also am 30. Mai, am 14. Juni bzw. am 11. November. Der Staat Kentucky feiert überdies auch einen *Iwo Jima Day* am 10. November.

104 Meine Analyse des Bildes stützt sich im Wesentlichen auf folgende Aufsätze: Robert Hariman und John Louis Lucaites, »Performing Civic Identity: The Iconic Photograph of the Flag Raising on Iwo Jima«, in: *Quarterly Journal of Speech* 88,4 (November 2002), S. 363–392; Kari Andén-Papadopoulos, »Picturing America«, in: *Axess Magazine* 3 (2004), abrufbar unter: www.axess.se/english/archive/2004/nr3/currentissue/essay.php; Kenneth F. Irby, »One man's Path to Historic Photo: Persistence and a Lift on a Tug«, 17. Oktober 2001, Online-Artikel auf der Internetseite des Poynter Institute, abrufbar unter www.poynter.org/dg.lts/id.6155/content.content_view.htm; Rick Hamp-

son, »The photo no one will forget«, in: *USA Today*, 27. Dezember 2001, abrufbar unter www.usatoday.com/news/sept11/2001/12/27/usatcov-unforgettable.htm; Adam Lisberg, »Making of an image for the ages«, in: *The Record*, 11. September 2002, S. A26; sowie Franklins eigene Äußerungen in: Trost/Shepard (Newseum), *Running Toward Danger*, S. 204, 218 und 250; Thomas Franklin, »The After-Life of a photo that Touched a Nation«, in: *Columbia Journalism Review* 2 (März–April 2002), S. 64–65, abrufbar unter: www.cjr.org/issues/2002/2/voice-franklin.asp; ders., »Sept. 11, not a photograph, changed my life«, in: *The Record*, 11. September 2002, S. A26; ders., »The Photographer Behind the Picture«, abrufbar unter: www.wwnfsept11.com/ThePhotographer.htm.

105 Diese Formulierung wird öfter in Zusammenhang mit Franklins Fotografie verwendet; vgl. z. B. die Bildunterschrift auf der Titelseite der *Sun* vom 13. September 2001.

106 Jodi Williams, Leserbrief an *Newsweek*, zitiert in: Charles A. Hill und Marguerite Helmers (Hg.), *Defining Visual Rhetorics,* Mahwah, London: Lawrence Erlbaum Associates 2004, S. 7.

107 Rudolph Giuliani, zitiert in: Joshua Robin, »›Flag-Raising‹ Statue Unveiled: Model Inspired by Sept. 11 Photo«, in: *Newsday*, 22. Dezember 2001, S. A6.

108 Eine Liste der Preise, die dem Fotografen verliehen wurden, findet sich auf der Internetseite www.groundzerospirit.org/about.asp. Zur Kontroverse um den Pulitzer-Preis siehe Mark Tapscott, »Has the Pulitzer been infected by PC disease?«, 11. April 2002, Online-Artikel auf der Internetseite townhall.com, abrufbar unter: www.townhall.com/opinion/columns/marktapscott/2002/04/11/162906.html; Reed Irvine und Cliff Kincaid, »Pulitzers And Political Correctness«, 25. April 2002, Online-Artikel auf der Internetseite Accuracy in Media, abrufbar unter www.aim.org/media_monitor/733_0_2_0_C/.

109 Dieser Name wurde dem Bild von einer ihm gewidmeten Internetseite verliehen: www.groundzerospirit.org.

110 Franklin, »The After-Life of a photo that Touched a Nation«.

111 Vgl. Dana Heller (Hg.), *The Selling of 9/11. How a National Tragedy Became a Commodity*, New York: Palgrave Macmillan 2005; Christopher P. Campbell, »Commodifying September 11: Advertising, Myth, and Hegemony«, in: Chermak/Bailey/Brown (Hg.), *Media Representations of September 11*, S. 47–65; Daniel Harris, »The Kitschification of September 11«, in: Salon.com (Hg.), *Afterwords. Stories and Reports from 9/11 and Beyond*, New York: Washington Square Press 2002, S. 203–220.

112 Bildunterschrift einer Fotografie von Jim Hollander von Associated Press, erschienen in *Libération*, 30. November 2001, S. 6.

113 Diese Fotomontage ist abrufbar unter: www.jecolthurstfamily.com/
images/Sep%2011/Cartoon%20Corner/Letfreedomswing(TM).jpg.

114 Vgl. Sandra L. Borden, »Communitarian Journalism and Flag Displays after September 11: An ethical critique«, in: *Journal of Communication Inquiry* 29,1 (Januar 2005), S. 30–46; Clyde Haberman,
»60's Lessons On How Not to Wave a Flag«, in: *New York Times*, 19.
September 2001, S. A20; Jim Rutenberg und Bill Carter, »The Media.
Draping Newscasts With the Flag«, in: *New York Times*, 20. September 2001, S. C8; Julie Dunn, »Red, White and Blue Highways«, in:
New York Times, 21. September 2001, S. F1.

115 Vgl. Greenberg/Hofschire, »Summary and Discussion«, in: Greenberg (Hg.), *Communication and Terrorism*, S. 320.

116 Vgl. Julian E. Barnes, »As Demand Soars, Flag Makers Help Bolster
Nation's morale«, in: *New York Times*, 23. September 2001, S. B6.

117 Susan Willis, »Old Glory«, in: *The South Atlantic Quarterly* 101,2
(Frühjahr 2002), S. 375.

118 Hillary Clinton, zitiert in: »New postage stamp honors firefighters
raising flag at ground zero«, Agenturmeldung von Associated Press, 7.
Juni 2002. Zur symbolischen Verknüpfung der beiden Bilder vgl.
auch Paul Grondahl, »Drama, spirit and courage: photo of flag-raising amid World Trade Center rubble evokes famed image from Iwo
Jima«, in: *The Time Union*, 27. September 2001.

119 In diesem Zusammenhang organisierte 2003 der Eddie Adams Photographic Workshop ein Treffen zwischen Rosenthal und Franklin;
vgl. Thomas Franklin, »The Day I met Joe Rosenthal«, 19. Oktober
2003, Online-Artikel auf der Internetseite von NorthJerseyMediaG-
roup.com, www.northjersey.com.

120 Vgl. »Strip club criticized for using patriotic images of 9/11«, Agenturmeldung von Associated Press, 18. Juni 2002; »Billboard blas-
phemy – Upstate strip club disgraces' heroic images«, Agenturmeldung von Associated Press, 18. Juni 2002; »Strip club removes ad
from bilboard with patriotic images«, Agenturmeldung von Associated Press, 20. Juni 2002.

121 Diese Karikaturen, die beide Bilder kombinieren, sind abrufbar
unter: www.cagle.msnbc.com/news/firefighters/main.asp.

122 Matt Wells, »Ground Zero photo under the hammer«, 19. April
2002, Online-Artikel auf der Internetseite von BBC News, abrufbar
unter: www.news.bbc.co.uk/1/hi/world/americas/1938665.stm.

123 Vgl. Roland Barthes, *Die helle Kammer. Bemerkung zur Photographie*,
aus dem Französischen von Dietrich Leube, Frankfurt a. M.: Suhrkamp 1985.

124 Vgl. Erwin Panofsky, *Studien zur Ikonologie. Humanistische Themen in
der Kunst der Renaissance*, Köln: DuMont 1980; ders., *Ikonographie*

und Ikonologie. Bildinterpretation nach dem Dreistufenmodell, Köln: DuMont 2006.

125 Um allzu lange Abschweifungen zu vermeiden und möglichst klar zu bleiben, beschränke ich mich hier auf eine Analyse der beiden Bildtypen, die am häufigsten auf den Titelseiten amerikanischer Tageszeitungen veröffentlicht wurden. Eine systematischere Untersuchung jedes einzelnen Typus' würde zweifellos neue und interessante Perspektiven eröffnen. Man denke nur an die Darstellungen des zerstörten World Trade Center: Sie rufen in der amerikanischen Kultur eine postapokalyptische Bildwelt ins Bewusstsein, die vom Kalten Krieg geprägt wurde. So verdeutlicht die Verknüpfung dieser Bilder mit Ausdrücken wie »Ground Zero«, einem Begriff, der in der Militärsprache die Einschlagstelle einer Atombombe bezeichnet, oder mit Titeln wie *The Day After,* Nicholas Meyers Film über Amerika nach einem Atomschlag, in welchem Maße jeder dieser Bildtypen mit einer doppelten Referentialität aufgeladen ist.

126 Mark Lawson, »The Power of a Picture«, in: *The Guardian,* 13. September 2001, abrufbar unter: www.guardian.co.uk/wtccrash/story/0,1300,551047,00.html.

127 Gérard Genette, *Palimpseste. Die Literatur auf zweiter Stufe,* aus dem Französischen von Wolfram Bayer und Dieter Hornig, Frankfurt a. M.: Suhrkamp 1993, S. 10.

128 Daniel Dayan, »Réagir«, in: Ders. (Hg.), »À chacun son 11 septembre?«, S. 30.

129 Vgl. Winfield, Friedman und Trisnadi, »History as the Metaphor through Which the Current World Is Viewed«.

130 Vgl. Roland Barthes, »L'effet de réel [1968]«, in: Ders., *Le bruissement de la langue. Essais critiques IV,* Paris: Seuil 1984, S. 167–174.

131 Vgl. dazu Reynolds/Barnett, »»America under Attack«: CNN's Verbal and Visual Framing of September 11«; Jenny Edkins, »The Rush to Memory and the Rhetoric of War«, in: *Journal of Political and Military Sociology* 31,2 (Winter 2003), S. 231–250; Douglas Kellner, »9/11, Spectacles of terror, and media manipulation. A critique of Jihadist and Bush media politics«, in: *Critical Discourse Studies* 1,1 (April 2004), S. 41–64.

132 Vgl. z. B.: »Act of War«, in: *USA Today,* 12. September 2001, S. 1; »Assault on America«, in: *The Wichita Eagle,* 12. September 2001, S. 1; »US Attacked«, in: *The Philadelphia Enquirer,* 12. September 2001, S. 1; »It's War«, in: *Daily News,* 12. September 2001, S. 1.

133 Vgl. White, »War Memory and American Patriotism: Pearl Harbor and 9-11«; ders., »National subjects : September 11 and Pearl Harbor«.

134 Henry Kissinger, »Destroy The Network«, in: *Washington Post,* 12. September 2001, S. A31.

135 George W. Bush, zitiert in: Rosenberg, *A Date Which Will Live*, S. 174.

136 George W. Bush, »President Bush Announces Major Combat Operations in Iraq Have Ended«, USS Abraham Lincoln, 1. Mai 2003, abrufbar auf der Homepage des Weißen Hauses: www.whitehouse. gov/news/releases/2003/05/20030501-15.html.

137 George W. Bush, »President's Radio Address« [anlässlich des Flag Day], 14. Juni 2003, abrufbar auf der Internetseite des Weißen Hauses: www.whitehouse.gov/news/releases/2003/06/20030614.html.

138 David Hoogland Noon, »Operation Enduring Analogy: World War II, the War on Terror, and the Uses of Historical Memory«, in: *Rhetoric & Public Affairs*, 7,3 (2004), S. 339–366.

139 Vgl. Tom Brokaw, *The Greatest Generation*, New York: Delta Book 1998; Studs Terkel, *The Good War: An Oral History of World War Two*, New York: Pantheon/Random 1984.

140 Rosenberg, *A Date Which Will Live*, S. 187. Vgl. hierzu auch Parmar, »Catalysing Events, Think Tanks and American Foreign Policy Shifts«.

141 Vgl. The Pew Research Center for the People & the Press, »Survey Reports: American Psyche Reeling From Terror Attacks«, 19. September 2001, abrufbar unter: www.people-press.org/reports/display. php3?ReportID=3

142 Siehe dazu Pascale Santi, »Mea culpa du *New York Times* sur sa couverture de l'Irak«, in: *Le Monde*, 28. Mai 2004, sowie ausführlicher Borjesson, *Feet to the Fire: The Media after 9/11*.

143 Vgl. Yves Lacoste, *La Géographie, ça sert, d'abord, à faire la guerre*, Paris: Maspero 1975.

144 Die Statistik wurde auf Grundlage von zehn französischen Tageszeitungen (*La Croix, Les Dernières Nouvelles d'Alsace, Le Figaro, France Soir, L'Humanité, Libération, Le Monde, Le Parisien, Le Progrès, La Tribune*) vom 12. und 13. September 2001 erstellt, d. h. – unter Berücksichtigung der Zeitverschiebung – der ersten beiden Tage (außer im Falle von *Le Monde*, wo die Titelseiten des 13. und 14. analysiert wurden). Angesichts der Tatsache, dass in Frankreich täglich nicht ganz hundert Zeitungen erscheinen, ist dieses Korpus von zwanzig Titelseiten also ähnlich repräsentativ wie das der 400 amerikanischen Titelseiten im Verhältnis zur Gesamtheit der Tageszeitungen, die in den Vereinigten Staaten publiziert werden.

145 John Berger, »De Hiroshima aux Twin Towers«, in: *Le Monde diplomatique*, Oktober 2002, S. 32. Bei seiner ersten Veröffentlichung in englischer Sprache im *Guardian* vom 29. Juni 2002, hatte dieser Artikel einen Titel, der nicht weniger vielsagend war: »The first fireball: The US Nuclear Attack on Hiroshima Paved the Way for September 11 and

its Aftermath«. Den gleichen Vergleich zieht auch Gérald Arboit, »Rôles et fonctions des images de cadavres dans les médias. L'actualité permanente du ›Massacre des saints innocents‹«, in: *Annuaire français de relations internationales* 4 (2003), S. 830, abrufbar unter: www.diplomatie.gouv.fr/fr/thematiques_830/etudes-recherches_3119/annuaire-francais-relationsinternationales_3123/afri-2003_8324.html.

146 Sehr deutlich wird diese Position z. B. vertreten in einem Artikel von José Garçon und Marc Semon, »L'Europe solidaire, pas va-t-en-guerre«, in: *Libération*, 14. September 2001, wieder abgedruckt in »Les 10 jours qui ont ébranlé l'Amérique«, in: *Libération,* Sonderausgabe, Septembre 2001, S. 53.

147 Vgl. dazu Jean-François Revel, *L'Obsession anti-américaine: son fonctionnement, ses causes, ses conséquences,* Paris: Plon 2002; Philippe Roger, *L'Ennemi américain: généalogie de l'antiaméricanisme français,* Paris: Le Seuil 2002; Georgy Katzarov (Hg.), *Regards sur l'antiaméricanisme: une histoire culturelle (actes du colloque tenu les 8, 9 et 10 juin 2001 à Paris et à Giverny),* Paris: Musée d'art américain de Giverny/Terra Foundation for the Arts/L'Harmattan 2004.

148 Arnaud Mercier, »L'anti-américanisme, priorité des caricaturistes français«, in: Dayan (Hg.), »À chacun son 11 septembre?«, S. 46–48. Îathanassios N. Samaras, der die Darstellung in der griechischen Presse analysiert, gelangt zu einem ähnlichen Ergebnis in: Îathanassios N. Samaras, »Représentations du 11-Septembre dans quatre journaux grecs. Une question de cadrage«, in: *Questions de communication* 8 (2005), S. 367–388.

149 Pierre Nora, »Le retour de l'événement«, in: Jacques Le Goff und Pierre Nora (Hg.), *Faire de l'histoire I. Nouveau problèmes,* Paris: Gallimard 1974, S. 288. Vgl. des Weiteren Paul Rock, »News as eternal recurrence«, in: Stanley Cohen und Jock Young (Hg.), *The Manufacture of News,* London: Constable 1981, S. 64–70.

150 Barbie Zelizer, »Remembering to Forget. Contemporary Scrapbooks of Atrocity«, in: Dies., *Remembering to Forget. Holocaust Memory Through the Camera's Eye,* Chicago, London: University of Chicago Press 1998, S. 202–239.

151 Vgl. *Daily Mirror,* 7. August 1992, S. 1. Zu diesem Bild siehe David Campbell, »Atrocity, memory, photography: imaging the concentration camps of Bosnia – the case of ITN versus Living Marxism«, in: *Journal of Human Rights* 1,1 (März 2002), S. 1–33, und 1,2, (Juni 2002), S. 143–172, abrufbar unter: www.virtual-security.net/attrocity/atroindex.htm.

152 Vgl. auch www.vegas68.tripod.com/09-11-2001/TwoFlags.htm.

153 Claude Lévi-Strauss, *Das wilde Denken* [1962], aus dem Französischen von Hans Naumann, Frankfurt a.M.: Suhrkamp 1979, S. 270;

Mircea Eliade, *Kosmos und Geschichte. Der Mythos der ewigen Wiederkehr* [1949], aus dem Französischen von Günter Spaltmann, Frankfurt a. M.: Verlag der Weltreligionen 2007.

154 Jacques Le Goff, *Geschichte und Gedächtnis*, aus dem Französischen von Elisabeth Hartfelder, Frankfurt a. M., Paris: Campus/Éditions de la Maison des Sciences de l'Homme 1992, S. 38.

155 Pierre Nora, *Zwischen Geschichte und Gedächtnis* [1984], aus dem Französischen von Wolfgang Kaiser, Berlin: Wagenbach 1990, S. 12–13.

156 »Mémoire«, in: *Le Dictionnaire de notre temps*, Paris: Hachette 1989.

157 Paul Ricœur, *Gedächtnis, Geschichte, Vergessen*, aus dem Französischen von Hans-Dieter Gondek, Heinz Jatho und Markus Sedlaczek, München: Fink 2004, S. 129, kursiv im Original.

158 Zur Bedeutung der Fotografie von Iwojima in der amerikanischen Kultur vgl. v. a. Hariman/Lucaites, »Performing Civic Identity: The Iconic Photograph of the Flag Raising on Iwo Jima«.

159 Pierre Nora, »Das Zeitalter des Gedenkens«, aus dem Französischen von Enrico Heinemann, in: Ders. (Hg.), *Erinnerungsorte Frankreichs*, München: C. H. Beck 2005, S. 543–575.

160 Vgl. Jay Winter, »The Generation of Memory: Reflections on the ›Memory Boom‹ in contemporary Historical Studies«, in: *Bulletin of the German Historical Institute* 27 (Herbst 2000), S. 69–92.

161 Le Goff, *Geschichte und Gedächtnis*, S. 131.

162 Vgl. Michel Mathien (Hg.), *La Médiatisation de l'histoire. Ses risques et ses espoirs*, Bruxelles: Bruylant 2005; David Cannadine (Hg.), *History and the Media*, New York: Palgrave MacMillan 2004; Marcia Landy (Hg.), *The Historical Film, History and Memory in Media*, New Brunswick: Rutgers University Press 2001.

163 Vgl. David Puttnam, »Has Hollywood Stolen Our History?«, in: Cannadine (Hg.), *History and the Media*, S. 160–166.

164 Bei meiner Analyse dieses Films stütze ich mich v. a. auf den Aufsatz von Geoffrey M. White, »Disney's Pearl Harbor: National Memory and the Movies«, in: *The Public Historian* 24,4 (Herbst 2002), S. 97–115; auf das entsprechende Kapitel in: Rosenberg, *A Date Which Will Live*, S. 163–173; auf das Buch, das zeitgleich mit dem Film herauskam: Linda Sunshine und Antonia Felix (Hg.), *Pearl Harbor. The Movie and The Moment*, New York: Hyperion 2001; sowie auf die DVD.

165 Rosenberg, *A Date Which Will Live*, S. 170.

166 Ebd., S. 2.

167 Michael Bay, zitiert in: Rosenberg, *A Date Which Will Live*, S. 166.

168 Rosenberg, *A Date Which Will Live*, S. 164.

169 Bradley/Powers, *Flags of Our Fathers*, S. 221. Clint Eastwoods gleichnamiger Film, der auf dem Buch basiert, kam erst 2006 in die Kinos.

Er ist aus diesem Grund ohne Bedeutung für den hier analysierten Erinnerungskontext in der Zeit vor dem 11. September und braucht dementsprechend nicht behandelt zu werden.

170 Dave Washburn, zitiert in: *TV Guide*, 29. September–5. Oktober 2001, S. 19. Die Klammern wurden durch die Redaktion der Zeitschrift hinzugefügt.

171 Vgl. u. a. »Le cinéma a été l'art des âmes qui ont vécu intimement dans l'Histoire«; Jean Baudrillard, *Der Geist des Terrorismus*, aus dem Französischen von Markus Sedlaczek, Michaela Ott und Peter Engelmann, Wien: Passagen Verlag ²2003; Paul Virilio, *Ce qui arrive*, Paris: Galilée 2002; Slavoj Žižek, *Willkommen in der Wüste des Realen*, aus dem Englischen übersetzt von Maximilian Probst, Wien: Passagen Verlag 2004.

172 Katie Couric, zitiert in: Zelizer/Allan (Hg.), *Journalism after September 11*, S. 4.

173 Zitiert in: Nacos, *Mass-Mediated Terrorism*, S. 34.

174 Roger Silverstone, »La médiatisation de la catastrophe: le 11 septembre et la crise de l'autre«, in: Dayan (Hg.), *La Terreur spectacle*, S. 116.

175 Jean d'Ormesson, »Lettre ouverte au président Bush«, in: *Le Figaro*, 15.–16. September 2001, S. 40.

176 Éric Le Braz, »Les prophéties de Hollywood«, in: *France Soir*, 13. September 2001, S. 19; ähnlich: Sébastien Le Fol und Hervé de Saint Hilaire, »Ces œuvres qui ont prophétisé l'horreur«, in: *Le Figaro*, 13. September 2001, S. 34.

177 Lawson, »The Power of a Picture«.

178 Dass beide Filme vom selben Regisseur und Produzenten sind, wird die Verwirrung zusätzlich verstärkt haben.

Bibliographie

Aus Platzgründen sind hier ausschließlich Monographien und Aufsätze über den 11. September und seine Darstellung in den Medien aufgeführt. Allgemeine Quellen über Geschichte, Fotografie oder Medien, die für diese Studie verwendet wurden, werden im Haupttext und im Anmerkungsapparat genannt. Werke zum Thema, die nach dem Abschluss der französischen Originalfassung im September 2006 erschienen, bleiben unberücksichtigt.

»11 septembre 2001, la guerre en direct«, in: *Médiamorphoses* 4 (März 2002), S. 3–16.

Allan, Stuart/Zelizer, Barbie (Hg.), *Journalism After September 11*, London, New York: Routledge 2002.

Amiel, Vincent, »Sur les images de la guerre: corps et symboles «, in: *Esprit* 280 (Dezember 2001), S. 14–19.

Andén-Papadopoulos, Kari, »The Trauma of Representation. Visual Culture. Photojournalism and the September 11 Terrorist Attack«, in: *Nordicom Review* 2 (2003), S. 89–103.

— , »Picturing America«, *Axess Magazine* 3 (2004), abrufbar unter: www.axess.se/english/archive/2004/nr3/currentissue/essay.php.

Andrieux, Jean-Yves/Seitz, Frédéric, *Le World Trade Center, une cible monumentale*, Paris: Belin 2002.

»Apocalypse now. Et depuis le 11 septembre? Qu'est-ce qui a changé dans le rapport de l'imaginaire avec le réel et le symbolique?«, in: *Cahiers internationaux de symbolisme* 101, 102, 103 (2002).

Arboit, Gérald, »Rôles et fonctions des images de cadavres dans les médias. L'actualité permanente du ›Massacre des saints innocents‹«, in: *Annuaire français de relations internationales* 4 (2003), S. 828–848, abrufbar unter: www.diplomatie.gouv.fr/fr/thematiques_830/etudes-recherches_3119/annuaire-francais-relationsinternationales_3123/afri-2003_8324.html.

Armstrong, Cory L./Boyle, Michael P./McLeod, Douglas M./Pan, Zhongdang/Schmierbach, Mike/Shah, Dhavan V., »Information seeking and emotional reactions to the September 11 Terrorist Attacks«, in: *Journalism and Mass CommunicationQuarterly* 81,1 (Frühjahr 2004), S. 155–162.

Artusa, Marina, »Did you run this photo?«, in: *Columbia Journalism Review* 4 (Juli–August 2002), S. 47.

Augé, Marc, *Journal de guerre*, Paris: Galilée 2002.

Axline, Keith, »Auction Site Pulls Tower Items«, 12. September 2001, Online-Artikel auf der Internetseite *Wired News*, abrufbar unter: www.wired.com/news/business/0,1367,46736,00.html.

Basheda, Valarie, »An Unforgettable Picture«, in: *American Journalism Review* 23,8 (Oktober 2001), S. 27.

Bailey, Frankie Y./Brown, Michelle/Chermak, Steven (Hg.), *Media Representations of September 11*, Westport, London: Praeger 2003.

Barnes, Julian E., »As Demand Soars, Flag Makers Help Bolster Nation's morale«, in: *New York Times*, 23. September 2001, S. B6.

Barnett, Brooke/Reynolds, Amy, »»America under Attack‹: CNN's Verbal and Visual Framing of September 11«, in: Frankie Y. Bailey, Michelle Brown und Steven Chermak (Hg.), *Media Representations of September 11*, Westport, London: Praeger 2003, S. 85–101.

Barringer, Felicity/Carter, Bill, »In Patriotic Time, Dissent is muted«, in: *New York Times*, 28. September 2001, S. A1, B8.

— und Fabrikant, Geraldine, »As an Attack Unfolds, A Struggle to Provide Vivid Images to Homes«, in: *New York Times*, 12. September 2001, S. A25.

— und Rutenberg, Jim, »News Media Try to Sort Out Policy on Graphic Images«, in: *New York Times*, 13. September 2001, S. A24.

Battestini, Anne, »Événement ou hallucination? La symbolisation d'un tournant historique par les ›Unes‹ du 12 septembre«, in: *Communication & langages* 133 (September 2002), S. 65–74.

Baudrillard, Jean, *Der Geist des Terrorismus*, aus dem Französischen von Markus Sedlaczek, Michaela Ott und Peter Engelmann, Wien: Passagen Verlag ²2003.

— und Morin, Edgar, *La Violence du monde*, Paris: Institut du monde arabe/Le Félin 2003.

Beauregard, Claude/Canuel, Alain/Coutard, Jérôme, *Les Médias et la guerre. De 1914 au World Trade Center*, Québec: Éditions du Méridien 2002.

Berger, John, »De Hiroshima aux Twin Towers«, in: *Le Monde diplomatique*, Oktober 2002, S. 32.

Borch, Fred L., »Comparing Pearl Harbor and ›9/11‹: Intelligence Failure? American Unpreparedness? Military Responsibility?«, in: *The Journal of Military History* 67 (Juli 2003), S. 845–860.

Sandra L. Borden, »Communitarian Journalism and Flag Displays after September 11: An Ethical Critique«, in: *Journal of Communication Inquiry* 29,1 (Januar 2005), S. 30–46.

Borjesson, Kristina, *Feet to the Fire: The Media after 9/11–Top Journalists Speak Out*, New York: Prometheus Book 2005.

Bouvet, Patrick, *Direct*, Paris: Éditions de l'Olivier 2002.

Bozell III, L. Brent, *Weapons of Mass Distorsion. The Coming Meltdown of the Liberal Media*, New York: Crown Forum 2004.

Breithaupt, Fritz, »Rituals of Trauma: How the Media Fabricated September 11«, in: Frankie Y. Bailey, Michelle Brown und Steven Chermak (Hg.), *Media Representations of September 11*, Westport/London: Praeger 2003, S. 67–81.

Brennen, Bonnie/Duffy, Margaret, »›If A Problem Cannot Be Solved, Enlarge It‹: an ideological critique of the ›Other‹ in Pearl Harbor and September 11 *New York Times* coverage«, in: *Journalism Studies* 4,1 (2003), S. 3–14.

Brokaw, Tom, »Two Dates Which Will Live in Infamy«, *The San Diego Union-Tribune*, 7. Dezember 2001, S. B13.

Brottman, Mikita, »The Fascination of the abomination. The Censored Images of 9/11«, in: Wheeler Winston Dixon (Hg.), *Film and Television after 9/11*, Carbondale: Southern Illinois University Press 2004, S. 163–177.

Bugingo, François/Lévy, Alexandre, »Entre tentation patriotique et autocensure. Les médias américains dans la tourmente de l'après-11 septembre. Rapport de mission à New York, du 26 septembre au 2 octobre 2001«, Oktober 2001, Online-Artikel auf der Internetseite von Reporters Sans frontières, abrufbar unter: www.rsf.org/rsf/html/dossiers_speciaux/11septembre.html.

Cabanes, Bruno/Pitte, Jean-Marc, »Choses vues à Manhattan. Le 11 septembre 2001 et l'émergence d'une culture de guerre«, in: *Esprit* 279 (November 2001), S. 39–48.

Campbell, Christopher P., »Commodifying September 11: Advertising, Myth, and Hegemony«, in: Frankie Y. Bailey, Michelle Brown und Steven Chermak (Hg.), *Media Representations of September 11*, Westport, London: Praeger 2003, S. 47–65.

Campbell, David, »Time is Broken. The Return of the Past In the Response to September 11«, in: *Theory & Event* 5,4 (2002).

Caputi, Jane, »Of Towers and Twins, Synchronicities and Shadows: Archetypal Meanings in the Imagery of 9/11«, in: *The Journal of American Culture* 28,1 (März 2005), S. 1–10.

Carlson, Peter, »Still Pictures That Are Far More Moving than Words«, in: *The Washington Post*, 25. September 2001, S. C1, C2.

Caujolle, Christian, »Presse et photographie, une histoire désaccordée«, in: *Le Monde diplomatique* 582 (September 2002), S. 26–27.

Chomsky, Noam, *11/9*, New York: Seven Stories Press 2001.

Clark, Claire/Hoynes, William, »Images of Race and Nation after September 11«, in: *Peace Review* 15,4 (2003), S. 443–450.

Clarke, Victoria, »Striking a balance: Government's need vs. Those of the Media«, in: *Columbia Journalism Review* 5 (September–Oktober 2002), abrufbar unter: www.cjr.org/issues/2002/5/voice-clarke.asp.

Cleg, Jeannine, »Flag raising was shot in the arm«, in: *The Record*, 14. September 2001, abrufbar unter: www.mariettaga.gov/departments/emergency/fire/flagraising.aspx.

Cohen, Patricia, »When Repetition Is Helpful Rather Than Annoying«, in: *New York Times*, 17. September 2001, S. E2.

Coste, Philippe, »Le drapeau sur les ruines«, in: *L'Express* 2676 (8. Dezember 2005).

Gérard Courtois, »Pearl Harbor, ›un jour d'infamie‹«, in: *Le Monde*, 13. September 2001, S. 13.

Crisis Journalism, A Handbook for Media Response, Reston: American Press Institute 2001.

Dayan, Daniel (Hg.), »À chacun son 11 septembre?«, *Dossiers de l'audiovisuel* 104 (Juli–August 2002).

— (Hg.), *La Terreur spectacle. Terrorisme et télévision*, Paris: De Boeck/INA 2006.

Delage, Christian, »Une censure intériorisée? Les premières images des attentats du 11 septembre 2001«, in: *Ethnologie française* 36 (Januar-März 2006), S. 91–99.

Delfour, Jean-Jacques, »Le crime commence avec l'image. À propos des attentats du 11 septembre 2001 à New York«, in: *La Voix du regard* 15 (August 2002), S. 204–209.

Denton, Robert E., »Language, Symbols, and Media«, in: *Society* (November-Dezember 2004), S. 12–18.

— , *Language, Symbols, and the Media. Communication in the Aftermath of the world Trade Center Attack*, New Brunswick, London: Transaction Publishers 2004.

Der Derian, James, »9.11: Before, After, and In Between«, Online-Artikel, abrufbar auf der Internetseite des Social Science Research Council: www.ssrc.org/sept11/essays/der_derian.htm.

Derrida, Jacques/Habermas, Jürgen, *Philosophie in Zeiten des Terrors. Zwei Gespräche geführt, eingeleitet und kommentiert von Giovanna Borradori*, aus dem Englischen und Französischen von Ulrich Müller-Schöll, Hamburg: Europäische Verlagsanstalt 2006.

Deschamps, Frédérique, »Itinéraire d'une photo dévoyée«, in: *Libération*, 6. September 2002, S. 25.

— , »Derrière le mur d'images«, in: *Libération*, 9. September 2002, S. 10–11.

Die Erste Seite, Internationale Schlagzeilen nach dem 11. September 2001, Köln: Verlag Karl Müller 2002.

Dixon, Wheeler Winston (Hg.), *Film and Television after 9/11*, Carbondale: Southern Illinois University Press 2004.

Dunn, Julie, »Red, White and Blue Highways«, in: *New York Times*, 21. September 2001, S. F1.

Dutheil, Guy, »Aucune image des victimes des attentats n'a été mise à la disposition des télévisions étrangères«, in: *Le Monde*, 19. September 2001, S. 10.

Eco, Umberto, »Le choc, version Grand Guignol«, in: *Courrier international* 575 (8.–14. November 2001), S. 48.

Edkins, Jenny, »*The Rush to Memory and* the Rhetoric of War«, in: *Journal of Political and Military Sociology* 31,2 (Winter 2003), S. 231–250.

Ellingwood, Susan (CBS News), *What We Saw. The Event of September 11, 2001 – In Words, Pictures and Video*, New York: Simon & Schuster 2002.

Fahmy, Shahira, *Many Images, One World: An Analysis of Photographic Framing and Photojournalists' Attitudes of War and Terrorism*, PhD dissertation presented to The Faculty of the Graduate School University of Missouri, Columbia, August 2003.

Ferro, Marc, »Durant les conflits, on ne montre jamais d'images de ses morts« (Gespräch mit Jean-Dominique Merchet und Marc Semo), in: *Libération*, 22.–23. September 2001, S. 24–25.

Fitzpatrick, Andrea, »The Falling Man of September 11, 2001: Discordant Appeals for Ethics and Identity«, in: *Journal for the Arts, Sciences, and Technology* 2,2 (2004), S. 50–56.

Fraenkel, Béatrice, *Les Écrits de septembre, New York 2001*, Paris: Textuel 2002.

Franklin, Thomas, »The After-Life of a photo that Touched a Nation«, in: *Columbia Journalism Review* 2 (März-April 2002), S. 64–65, abrufbar unter: www.cjr.org/issues/2002/2/voice-franklin.asp.

—, »Sept. 11, not a photograph, changed my life«, in: *The Record*, 11. September 2002, S. A26.

—, »The Day I met Joe Rosenthal«, 19. Oktober 2003, Online-Artikel auf der Internetseite von NorthJerseyMediaGroup.com, abrufbar unter: www.northjersey.com/page.php?qstr=eXJpcnk3ZjcxN2Y3dnFlZUVFe XkxNCZmZ2JlbDdmN3ZxZWVFRXl5NjQ0MDY4Ng==.

—, »The Photographer Behind the Picture«, abrufbar unter: www.wwnf-sept11.com/ThePhotographer.htm.

Friedman, Barbara/Trisnadi, Vivara/Winfield, Betty Houchin, »History as the Metaphor through Which the Current World Is Viewed: British and American newspapers' uses of history following the 11 September 2001 terrorist attacks«, in: *Journalism Studies* 3,2 (2002), S. 289–300.

Fulton, Marianne, »Memory of a Flag«, Oktober 2001, Online-Artikel auf der Internetseite von The Digital Journalist, abrufbar unter: www. dirckhalstead.org/issue0110/fulton2.htm.

Gardner, James B./Henry, Sarah M., »*September 11 and the Mourning After: Reflections on Collecting and Inter*preting the History of Tragedy«, in: *The Public Historian* 24,3 (Sommer 2002), S. 37–52.

George, Alice Rose/Peress, Gilles/Shulan, Michael/Traub, Charles, *Here is New York. A Democracy of Photographs*, Zürich, Berlin, New York: Scalo 2002.

Georges, Pierre, »Les virgules noires«, in: *Le Monde*, 13. September 2001, S. 36.

Gervereau, Laurent, »L'Amérique ne veut pas être filmée à genoux« (Gespräch mit Renaud Revel), in: *L'Express* 2620 (20.–26. September 2001), S. 32.

— , »Prisonniers d'un média-terrorisme«, in: *Le Monde*, 14.–15. März 2004, S. 19.

Gluck, Carol, »11 Septembre. Guerre et télévision au XXIᵉ siècle«, in: *Annales. Histoire, Sciences sociales* 1 (Januar–Februar 2003), S. 135–162.

Godard, Jean-Luc, »Le cinéma a été l'art des âmes qui ont vécu intimement dans l'Histoire« (Gespräch mit Antoine de Baecque), in: *Libération*, 6.–7. April 2002, S. 44–45.

Goodeve, Thyrza Nichols, »The White Outside the Line: September 11, 2001. A reader's response«, in: *Camera Work* 31,2 (Herbst-Winter 2004), S. 4–8.

Graber, Doris, »Styles of Image Management during Crises: Jutifying Press Censorship«, in: *Discourse & Society* 14,5 (2003), S. 539–557.

Grant, A. J., »Ground Zero as Holy Ground and Prelude to Holy War«, in: *The Journal of American Culture* 28,1 (März 2005), S. 49–60.

Greenberg, Bradley S. (Hg.), *Communication and Terrorism. Public and Media Responses to 9/11*, Cresskill, New Jersey: Hampton Press 2002.

Greenberg, Judith (Hg.), *Trauma at Home, After 9/11*, Lincoln, London: University of Nebraska 2003.

Grillet, Thierry, »La chute de la tour selon Nachtwey«, in: *Revue de la Bibliothèque nationale de France* 19 (2005).

Grondahl, Paul, »›Drama, spirit and courage‹. Photo of flag-raising amid World Trade Center rubble evokes famed image from Iwo Jima«, in: *The Time Union*, 27. September 2001.

Guerrin, Michel, »Photos ou vidéos: la catastrophe de New York inaugure un nouveau rapport à l'image«, in: *Le Monde*, 14. September 2001, S. 19.

— , »Les morts sans visage du World Trade Center«, in: *Le Monde*, 21. September 2001, S. 14.

— , »La guerre des images de New York dynamise les agences photographiques«, in: *Le Monde*, 29. September 2001, S. 20.

— , »Les grandes agences photo au bord de l'implosion«, in: *Le Monde*, 12. Januar 2002, S. 13.

— , »Les licenciés de Corbis exposent et se mobilisent«, in: *Le Monde*, 12. Januar 2002, S. 29.

— , »Un événement abondamment filmé et photographié«, in: *Le Monde*, 8. März 2002, S. 35.

Haberman, Clyde, »60's Lessons On How Not to Wave a Flag«, in: *New York Times*, 19. September 2001, S. A20.

Hägele, Ulrich, » *The Visible and the Unseen. On the Iconography of War* Photography«, 5. November 2003, Online-Artikel auf der Internetseite des Autors, abrufbar unter: www.unicoaching.de/09-down-1.html.

Hampson, Rick, »The photo no one will forget«, in: *USA Today*, 27. Dezember 2001, abrufbar unter: www.usatoday.com/news/sept11/2001/12/27/usatcov-unforgettable.htm

Hariman, Robert/Lucaites, John Louis, »Performing Civic Identity: The Iconic Photograph of the Flag Raising on Iwo Jima«, in: *Quarterly Journal of Speech* 88,4 (November 2002), S. 363–392.

Harris, Daniel, »The Kitschification of September 11«, in: Salon.com (Hg.), *Afterwords. Stories and Reports from 9/11 and Beyond*, New York: Washington Square Press 2002, S. 203–220.

Heller, Dana (Hg.), *The Selling of 9/11. How a National Tragedy Became a Commodity*, New York: Palgrave Macmillan 2005.

Higgins, John M., »Made-for-TV terrorism«, in: *Broadcasting Cable*, 17. September 2001, S. 3–8.

Hirsch, Marianne, »I Took Pictures: September 2001 and beyond«, in: Judith Greenberg (Hg.), *Trauma at Home. After 9/11*, Lincoln, London: University of Nebraska Press 2003, S. 69–86.

Howe, Peter, »The New York Times«, Oktober 2001, Online-Artikel auf der Internetseite von The Digital Journalist, abrufbar unter: www.digitaljournalist.org/issue0110/nyt_intro.htm.

— , »Richard Drew«, Oktober 2001, Online-Artikel auf der Internetseite von The Digital Journalist, abrufbar unter: www.digitaljournalist.org/issue0110/drew.htm.

— , »The Truth of the Matter«, März 2002, Online-Artikel auf der Internetseite von The Digital Journalist, abrufbar unter: www.digitaljournalist.org/issue0203/howe.htm.

Huffman, Suzanne/Sylvester, Judith (Hg.), *Women Journalists at Ground Zero. Covering Crisis*, New York: Rowman & Littlefield Publishers 2002.

Irby, Kenneth F., »One man's Path to Historic Photo: Persistence and a Lift on a Tug«, 17. Oktober 2001, Online-Artikel auf der Internetseite des

Poynter Institute, abrufbar unter: www.poynter.org/dg.lts/id.6155/content.content_view.htm.

Irvine, Reed/Kincaid, Cliff, »Pulitzers And Political Correctness«, 25. April 2002, Online-Artikel auf der Internetseite Accuracy in Media, abrufbar unter: www.aim.org/media_monitor/733_0_2_0_C/

James, Caryn, »Live Images Make Viewers Witnesses to Horror«, in: *New York Times*, 12. September 2001, S. A25.

Junod, Tom, »The falling man«, in: *Esquire* 140,3 (September 2003), abrufbar unter: www.esquire.com/features/articles/2003/030903_mfe_falling_1.html.

Kahane, Claire, »Uncanny Sights: The Anticipation of the Abomination«, in: Judith Greenberg (Hg.), *Trauma at Home, After 9/11*, Lincoln, London: University of Nebraska 2003, S. 107–116.

Kean, Thomas H. (Hg.), *11 septembre. Rapport final de la Commission nationale sur les attaques terroristes contre les États-Unis*, Paris: Éditions des Équateurs 2004. Das amerikanische Original ist abrufbar unter: www.9-11commission.gov.

Kellner, Douglas, »9/11, Spectacles of terror, and media manipulation. A critique of Jihadist and Bush media politics«, in: *Critical Discourse Studies* 1,1 (April 2004), S. 41–64.

Kennedy, Liam, »Remembering September 11: photography as cultural diplomacy«, in: *International Affairs* 79,2 (2003), S. 315–326.

— , »Framing September 11: Photography After the Fall«, in: *History of Photography* 27,3 (Herbst 2003), S. 272–283.

Kirshenblatt-Gimblett, Barbara, »Kodak Moments, Flashbulb Memories. Reflections on 9/11«, in: *The Drama Review* 47,1 (Frühjahr 2003), S. 11–48.

Kleinfield, N. R., »A Creeping Horror and Panicked Flight as Towers Burn, Then Slowly Fall«, in: *New York Times*, 12. September 2001, S. A7.

Kreitler, Peter Gwillim (Hg.), *United We Stand. Flying the American Flag*, San Francisco: Chronicle books 2001.

Landy, Marcia, »›America under Attack‹, Pearl Harbor, 9/11, and History in the Media«, in: Wheeler Winston Dixon (Hg.), *Film and Television after 9/11*, Carbondale: Southern Illinois University Press 2004, S. 79–100.

Langelier, Jean-Pierre, »Amnesty dresse un sombre bilan de l'après-11 septembre«, in: *Le Monde*, 29. Mai 2002, S. 2.

Lasserre, Isabelle, »Des images de tragédie sans jamais d'horreur«, in: *Le Figaro*, 14. September 2001, S. 38.

Lawson, Mark, »The Power of a Picture«, in: *The Guardian*, 13. September 2001, abrufbar unter: www.guardian.co.uk/wtccrash/story/0,1300,551047,00.html.

Leser, Éric, »Deux caméras dans le chaos des Twin Towers«, in: *Le Monde*, 8. März 2002, S. 34–35.

Lester, Paul Martin/Ross, Susan Dente, *Images that Injure. Pictorial Stereotypes in the Media*, Westport, London: Praeger 2003.

Lisberg, Adam, »Making of an image for the ages«, in: *The Record*, 11. September 2002, S. A26.

Lule, Jack, »Myth and Terror on the Editorial Page: The New York Times Responds to September 11, 2001«, in: *Journalism and Mass Communication Quarterly* 79,2 (Sommer 2002), S. 275–293.

Mandell, Jonathan, »History is Impatient to Embrace Sept. 11«, in: *New York Times*, 18. November 2001, S. AR1.

Mauro, Alessandra/Purgatori, Andrea, *11/09/01*, Roma: Palazzo delle Esposizioni 2001.

Meyerowitz, Joanne (Hg.), »History and September 11«, in: *The Journal of American History* 89,2 (September) 2002.

Meyerowitz, Joel, *The City Resilient. Photographs by Joel Meyerowitz*, New York: The Museum of the City of New York 2002.

Mondzain, Marie José, *L'Image peut-elle tuer?*, Paris: Bayard 2002.

de Montebello, Philippe, »The Iconic Power of An Artifact«, in: *New York Times*, 25. September 2001, S. A29.

de Moraes, Lisa, »*Putting Rivalries Aside, TV Networks Share All Footage of Tragedies*«, in: *The Washington Post*, 12. September 2001, S. C7.

Murphy, John M., »›Our Mission and our Moment‹: George W. Bush and September 11th«, *Rhetoric & Public Affairs* 6,4 (2003), S. 607–632.

Nacos, Brigitte L., *Mass-Mediated Terrorism. The Central Role of the Media in Terrorism and Counterterrorism*, New York: Rowman & Littlefield Publishers 2002.

Nahoum-Grappe, Véronique, »La nuit en plein jour. La haine dans le paysage«, in: *Esprit* 278 (Oktober 2001), S. 15–18.

Naughton, Jim/Moses, Monica, »Ms. Future and the Caveman, A civilized Debate on the Design of Wednesday's Front Pages«, 25. September 2001, Online-Artikel auf der Internetseite Poynteronline, abrufbar unter: www.poynteronline.org/content/content_view.asp?id=5930.

»New York 2001: l'implosion«, in: *L'Image, le monde, une revue de cinéma* 2 (Herbst 2001) (Texte von Jean-Paul Curnier, Jean-Louis Comolli, Arlette Farge, Anne-Marie Garat, Marie-José Mondzain, usw.).

Noon, David Hoogland, »Operation Enduring Analogy: World War II, the War on Terror, and the Uses of Historical Memory«, in: *Rhetoric & Public Affairs* 7,3 (2004), S. 339–366.

Parmar, Inderjeet, »Catalysing Events, Think Tanks and American Foreign Policy Shifts: A Comparative Analysis of the Impacts of Pearl Harbor 1941 and 11 September 2001«, in: *Government and Opposition* 40,1 (2005), S. 1–25.

Pellegrin-Rescia, Marie-Louise, »Éthique et actes de langage: l'exemple du 11 septembre 2001«, in: *Revue internationale de psychosociologie* 8,19 (Herbst 2002), S. 137–156.

Pew Research Center for the People & the Press, »American Psyche Reeling From Terror Attacks«, Umfrage der Internetseite des Pew Research Center, online am 19. September 2001, abrufbar unter: www.people-press.org/reports/display.php3?ReportID=3.

— , »Terror Coverage Boost News Media's Images, But Military Censorship Backed Released«, Umfrage der Internetseite des Pew Research Center, online am 28. November 2001, abrufbar unter: www.people-press. org/reports/display.php3?ReportID=143.

— , »News Media's Improved Image Proves Short-Lived. The Sagging Stock Market's Big Audience«, Umfrage der Internetseite des Pew Research Center, online am 4. August 2002, abrufbar unter: www. people-press.org/reports/display.php3?ReportID=159.

Pilger, John, »Media Censorship That Doesn't Speak Its Name«, in: *New Statesman*, 26. September 2003, wieder aufgenommen von der Internetseite des Information Clearing House, abrufbar unter: www.informatiónclearinghouse.info/article4840.htm.

Psenny, Daniel, »Polémique autour de la ›censure‹ des images«, in: *Le Monde télévision*, 23.-24. September 2001, S. 6.

Radstone, Susannah, »The War of the Fathers: Trauma, Fantasy, and September 11«, in: Judith Greenberg (Hg.), *Trauma at Home, After 9/11*, Lincoln, London: University of Nebraska 2003, S. 117–123.

Retort (Iain Boal, T. J. Clark, Joseph Matthews, Michael Watts), *Afflicted Powers. Capital and Spectacle in a New Age of War*, London, New York: Verso 2005.

Rigal-Cellard, Bernadette, »Le président Bush et la rhétorique de l'axe du mal. Droite chrétienne, millénarisme et messianisme américain«, in: *Études, revue de culture contemporaine*, September 2003, S. 153–162.

Robin, Joshua, »Flag-Raising‹ Statue Unveiled: Model Inspired by Sept. 11 Photo«, in: *Newsday*, 22. Dezember 2001, S. A6.

Rosenberg, Emily S., *A Date Which Will Live. Pearl Harbor in American Memory*, Durham, London: Duke University Press 2003.

Roskis, Edgar, »Images en boucle«, in: *Manière de voir* 63 (Mai-Juni 2002), S. 56–57.

Rutenberg, Jim/Carter, Bill, »Draping Newscasts With the Flag«, in: *New York Times*, 20. September 2001, S. C8.

Ryan, David, »Framing September 11: Rhetorical Device and Photographic Opinion«, in: *European Journal of American Culture* 23,1 (2004), S. 5–20.

Safir, William, »Infamy, Words of the War on Terror«, in: *New York Times Magazine*, 23. September 2001, S. 32.

Salon.com (Hg.) *Afterwords. Stories and Reports from 9/11 and Beyond*, New York: Washington Square Press 2002.

Samaras, Îathanassios N., »Représentation du 11-Septembre dans quatre journaux grecs. Une question de cadrage«, in: *Questions de communication* 8 (2005), S. 367–388.

Saouter, Catherine, *Images et Sociétés. Le progrès, les médias, la guerre*, Montréal: Presses de l'Université de Montréal 2003.

Scherer, Michael, »Framing the Flag«, in: *Columbia Journalism Review* 2 (März–April 2002), abrufbar unter: www.cjr.org/issues/2002/2/flag-scherer.asp.

Schneidermann, Daniel, »L'infernale boucle«, in: *Le Monde télévision*, 17.–23. September 2001, S. 2.

— , *Le Cauchemar médiatique*, Paris: Denoël 2004.

Scroop, Dan, »*September 11th, Pearl Harbor and* the Uses of Presidential Power«, in: *Cambridge Review of International Affairs* 15,2 (2002), S. 317–327.

September 11, 2001, A collection of Newspaper front pages selected by the Poynter Institute, Kansas City: Andrews McMeel Publishing 2001.

Shepard, Alicia C./Trost, Cathy (Newseum), *Running Toward Danger, Stories Behind the Breaking News of 9/11*, New York: Rowman & Littlefield 2002.

Shulan, Michael, »L'album souvenir de la famille new-yorkaise« (Gespräch mit Michel Guerrin), in: *Le Monde*, 12. September 2002, S. 33.

Silberstein, Sandra, *War of Words. Language, Politics and 9/11*, London, New York: Routledge 2002.

Solomon, Norman, »The Media Politics of 9/11«, 25. März 2004, Online-Artikel auf der Internetseite von Fair, Fairness and Accuracy In Reporting, abrufbar unter: www.fair.org/index.php?page=2403.

— , »9/11 and Manipulation of the USA«, 10. Mai 2005, Online-Artikel auf der Internetseite von Fair, Fairness and Accuracy In Reporting, abrufbar unter: www.fair.org/index.php?page=2662.

Sontag, Susan, »Regardons la réalité en face«, in: *Le Monde*, 18. September 2001, S. 1, 12.

— , »The disconnect… «, in: *The New Yorker*, 24. September 2001, S. 32.

— , »Photosensible« (Gespräch mit Clément Chéroux, Protokoll von Sylvain Bourmeau), in: *Les Inrockuptibles* 412 (22.–28. Oktober 2003), S. 66.

Spalding Andréolle, Donna, »Media Representations of ›the Story of 9-11‹ and the Reconstruction of the American Cultural Imagination«, in: *Erfurt Electronic Studies in English* 3 (2003), abrufbar unter: www.uni-erfurt.de/eestudies/eese/artic23/andrea/3_2003.html.

Spigel, Lynn, »Entertainment Wars: Television Culture after 9/11«, in: *American Quarterly* 56,2 (Juni 2004), S. 235–270.

Stamelman, Richard, »September 11: Between Memory and History«, in: Judith Greenberg (Hg.), *Trauma at Home, After 9/11*, Lincoln, London: University of Nebraska 2003, S. 11–20.

Sterritt, David, »Representing Atrocity. From the Holocaust to September 11«, in: Wheeler Winston Dixon (Hg.), *Film and Television after 9/11*, Carbondale: Southern Illinois University Press 2004, S. 63–78.

Strugatch, Warren, »Patriotism vs. Journalistic ethics«, in: *New York Times*, 7. Oktober 2001, S. 1, 6.

Szentmiklosy, Chris, »The photographer of the American Spirit photo of the Firefighters«, undatierter Online-Artikel auf der Internetseite HeroicAmericans, abrufbar unter: www.heroicamericans.com/photographer.html

Tapscott, Mark, »Has the Pulitzer been infected by PC disease?«, 11. April 2002, Online-Artikel auf der Internetseite townhall.com, abrufbar unter: www.townhall.com/opinion/columns/marktapscott/2002/04/11/162906.html.

Tisseron, Serge, »La fascination bloque la pensée« (Gespräch mit Florence Amalou), in: *Le Monde*, 19. September 2001, S. 10.

Virilio, Paul, *Ce qui arrive*, Paris: Galilée 2002.

Wells, Matt, »Ground Zero photo under the hammer«, 19. April 2002, Online-Artikel auf der Internetseite von BBC News, abrufbar unter: http://news.bbc.co.uk/2/hi/americas/1938665.stm.

Wenner, Kathryn S., »Getting the Picture«, in: *American Journalism Review* 23,8 (Oktober 2001), S. 32–33.

White, Aidan, *Journalism And The War On Terrorism: Final Report on the Aftermath of September 11 and the Implications for Journalism and Civil Liberties*, Bruxelles: International Federation of Journalists 2005, abrufbar unter: www.ifj.org/default.asp?Index=3101&Language=EN.

White, Geoffrey M., »Disney's Pearl Harbor: National Memory and the Movies«, in: *The Public Historian* 24,4 (Herbst 2002), S. 97–115.

— , »War Memory and American Patriotism: Pearl Harbor and 9-11«, in: Laura Hein und Daizaburo Yui, *Crossed Memories: Perspectives on 9/11 and American Power*, Tokyo: Center for Pacific and American Studies/ The University of Tokyo 2003, abrufbar unter: www.cpas.c.u.-tokyo. ac.jp.

— , »National subjects: September 11 and Pearl Harbor«, in: *American Ethnologist* 31,3 (2004), S. 293–310.

Willis, Susan, »Old Glory«, in: *The South Atlantic Quarterly* 101,2 (Frühjahr 2002), S. 375–383.

Wirtz, James J., »Déjà-Vu? Comparing Pearl Harbor and September 11«, in: *Harvard International Review* 24,3 (Herbst 2002), S. 73–77.

Zelizer, Barbie, »Finding Aids to the Past: Bearing Personal Witness to
Traumatic Public Events«, in: *Media, Culture & Society* 24,5 (2002),
S. 697–714.

Žižek, Slavoj, *Willkommen in der Wüste des Realen*, aus dem Englischen
übersetzt von Maximilian Probst, Wien: Passagen Verlag 2004.

Alle Internetadressen wurden durch den Autor im September 2006 über-
prüft. Um dieses Datum zu wahren, wurde auf eine Aktualisierung ver-
zichtet.

Statistisch erfasste Zeitungen (die Zahlen in Klammern entsprechen den Septembertagen, an denen die entsprechenden Titel veröffentlicht wurden; das Zeichen »+« bezeichnet Sonderausgaben sowie zweite oder dritte Auflagen).

USA

Abilene Reporter-News (11, 12), *Advocate* (12), *Akron Beacon Journal* (11, 12), *Albuquerque Journal* (12), *Albuquerque Tribune* (11, 11+), *American Press* (12), *Anchorage Daily News* (11, 12), *Anniston Star* (12), *Argus Leader* (12), *Arizona Daily Star* (11, 12), *Arizona Republic* (11, 12), *Arkansas Democrat-Gazette* (12), *Asbury Park Press* (11), *Atlanta Constitution* (12), *Atlanta Journal* (11, 11+), *Augusta Chronicle* (12), *Austin American-Statesman* (11, 12), *Badger Herald* (12), *Bakersfield Californian* (12), *Ball State Daily News* (12), *Battle Creek Enquirer* (11), *Beaumont Enterprise* (11, 12), *Billings Gazette* (11, 12), *Birmingham News* (12), *Blade* (11, 12), *Boston Globe* (11, 12), *Boston Herald* (11), *Bucks County Courier Times* (11, 12), *Buffalo News* (12), *Burlington Free Press* (12), *Cape Cod Times* (12), *Casper Star Tribune* (12), *Cavalier Daily* (12), *Charleston Gazette* (12), *Charlotte Observer* (11, 12), *Chattanooga Times Free Press* (11, 12), *Chicago Sun-Times* (11, 11+, 12), *Chicago Tribune* (11, 11+, 12), *Christian Science Monitor* (12), *Cincinnati Enquirer* (11, 12), *Citizen* (11), *Citizen Patriot* (12), *City Paper* (11, 12), *Clairion-Ledger* (11, 12), *Columbia Daily Tribune* (11), *Columbia Missourian* (12), *Columbus Dispatch* (12), *Colombus Ledger-Enquirer* (11, 12), *Commercial Appeal* (12), *Concord Monitor* (12), *Corpus Christi Caller-Times* (11, 11+), *Courier-Journal* (12), *Courier News* (11, 12), *Courier-Post* (11, 12), *Daily Breeze* (11), *Daily Californian* (12), *Daily Camera* (11), *Daily Egyptian* (12), *Daily Herald* (12), *Daily Kent Stater* (12), *Daily Mississippian* (12), *Daily Nebraskan* (12), *Daily News* (12), *Daily Oklahoman* (12), *Daily Pennsylvanian* (12), *Daily Press* (11), *Daily Progress* (11), *Daily Record* (12, 12+, 12++), *Daily Southtown* (11, 12), *Daily Telegram* (12), *Daily Times-Call* (12), *Daily Titan* (11), *Dallas Morning News* (11, 12), *Day* (12), *Dayton Daily News* (12), *Decatur Daily* (12), *Democrat and Chronicle* (11, 12), *Denver Post* (11, 12), *Desert Sun* (12), *Des Moines Register* (11), *Detroit Free Press* (11, 12), *Detroit News* (11, 12), *Diamondback* (12), *Examiner* (12), *Fayetteville Observer* (12), *Flint Journal* (11), *Florida Times-Union* (11, 12), *Florida Today* (12), *Forum* (12), *Free Lance-Star* (12), *Fresno Bee* (11, 12), *Gamecock* (12), *Globe Gazette* (11, 12), *Grand Island Independant* (11, 12), *Great Falls Tribune* (12), *Greeley Tribune* (11, 12), *Gwinnett Daily Post* (12), *Hartford Courant* (11, 12), *Harvard Crimson* (11, 12), *Herald* (12), *Herald-Dispatch* (11, 12), *Herald-Journal* (11), *Herald-Sun* (11), *High Point Enterprise* (11, 12),

Honolulu Advertiser (12), *Honolulu Star-Bulletin* (11), *Houston Chronicle* (11, 12), *Huntsville Times* (11, 12), *Idaho Statesman* (11, 12), *Independant Florida Alligator* (12), *Independant-Mail* (12), *Indiana Daily Student* (12), *Indianapolis Star* (11, 12), *Island Packet* (11), *Jackson Sun* (11, 12), *Journal News* (12), *Kalamazoo Gazette* (11, 11+, 12, 12+, 12++), *Kansas City Star* (11, 12), *Kansas State Collegian* (12), *Kenosha News* (11), *Knoxville News-Sentinel* (11), *Las Vegas Review-Journal* (12), *Las Vegas Sun* (11, 12), *Laurence Journal-World* (11, 12), *Leaf-Chronicle* (12), *Lee's Summit Journal* (12), *Lexington Herald-Leader* (11, 12), *Lincoln Journal Star* (12), *Longview News-Journal* (12), *Los Angeles Times* (11, 12), *Lowell Sun* (11, 12), *Macon Telegraph* (11, 12), *Manassas Journal Messenger* (12), *Maneater* (12), *MetroWest Daily News* (11, 12), *Miami Herald* (11, 12), *Milwaukee Journal Sentinel* (11, 12), *Missoulian* (11, 11+, 12), *Modesto Bee* (11, 12), *Morning Call* (11, 12), *Morning News* (11), *News & Advance* (11), *News & Observer* (11, 12), *News & Record* (11, 12), *Newsday* (11, 12), *News-Gazette* (11, 12), *News Herald* (11, 12), *News Journal* (11, 12), *News Leader* (12), *News-Messenger* (11), *News Tribune* (11, 12), *New York Times* (12), *New York Post* (12), *Norwich Bulletin* (12), *Oakland Press* (11), *Oakland Tribune* (12), *Omaha World-Herald* (11, 12), *Orange County Register* (11, 11+, 12), *Oregonian* (12), *Orlando Sentinel* (11, 12), *Palm Beach Post* (12), *Patriot-News* (12), *Philadelphia Daily News* (11), *Philadelphia Inquirer* (12), *Pioneer Press* (11, 12), *Pittsburh Post-Gazette* (11), *Pittsburgh Tribune-Review* (11, 11+, 12, 12+), *Plain Dealer* (12), *Portland Press Herald* (12), *Post and Courier* (11, 12), *Post-Standart* (11, 12), *Post-Tribune* (11, 12), *Potomac News* (12), *Potomac News & Manassas Journal Messenger* (11, 12), *Press & Dakotan* (12), *Press & Sun-Bulletin* (11, 12), *Press Democrat* (11), *Press-Enterprise* (11, 12), *Providence Journal* (12), *Record & Landmark* (11), *Record Searchlight* (11, 12), *Register-Guard* (12), *Reno Gazette-Journal* (12), *Reporter-Herald* (12), *Richmond Times-Dispatch* (11, 12), *Roanoke Times* (12), *Rockdale Citizen* (12), *Rockford Register Star* (12), *Rock Hill Herald* (11, 12), *Rocky Mountain News* (11, 12), *Sacramento Bee* (11, 12), *Sagina News* (11), *Salina Journal* (11, 12), *Salisbury Post* (11), *Salt Lake Tribune* (12), *San Antonio Express-News* (11, 12), *San Diego Union-Tribune* (11, 12), *San Francisco Chronicle* (11, 11+, 12), *San Jose Mercury News* (11, 12), *Santa Barbara News* (12), *Santa Fe New Mexican* (11, 12), *Savannah Morning News* (11, 12), *Seattle Post-Intelligencer* (11, 12), *Seattle Times* (11, 12), *Sharon Herald* (11, 12), *Skagit Valley Herald* (11), *South Bend Tribune* (12), *Southeast Missourian* (12), *South Florida Sun-Sentinel* (11, 12), *Spokesman-Review* (11, 12), *St. Cloud Times* (12), *St. Louis Post-Dispatch* (12), *St. Petersburg Times* (11), *Star-Ledger* (11, 12, 12+), *Star Press* (11, 12), *Stars and Stripes* (12), *Star-Telegram* (11, 11+), *Star Tribune* (11, 12), *State* (11, 12), *State Journal Register* (11), *Staten Island Advance* (12), *Statesman Journal* (12), *Stuart News* (12), *Sun* (11, 12, 12+, 12++), *Sun Herald* (11, 12),

Sun Journal (11, 12), *Sun News* (12), *Tallahassee Democrat* (11, 12), *Tampa Tribune* (11, 12), *Telegram & Gazette* (11), *Telegraph* (12), *Tennessean* (12), *Times* (11, 12), *Times Leader* (11), *Times-Picayune* (12), *Times Record* (11), *Times Record News* (11, 12), *Times Union* (12), *Topeka Capital-Journal* (11, 12), *Town Talk* (12), *Tribune* (11), *Tri-City Herald* (11), *Tulsa World* (11, 12), *Tuscaloosa News* (11), *Union News* (11), *USA Today* (12, 12+), *Valley News Dispatch* (11), *Ventura County Star* (12), *Vindicator* (11, 12), *Virginian-Pilot* (11, 12), *Wall Street Journal* (12), *Washington Post* (11, 12), *Washington Times* (11, 12), *Waterbury Republican-American* (12), *Wenatchee World* (11), *West Hawaii Today* (12), *Wichita Eagle* (11, 12), *Williamsport Sun-Gazette* (12), *Winston-Salem Journal* (11), *Wyoming Tribune-Eagle* (11, 12), *York Daily Record* (12).

Frankreich

La Croix (12, 13), *Les Dernières nouvelles d'Alsace* (12, 13), *Le Figaro* (12, 13), *France Soir* (12, 13), *L'Humanité* (12, 13), *Libération* (12, 13), *Le Monde* (13, 14), *Le Parisien* (12, 13), *Le Progrès* (12, 13), *La Tribune* (12, 13)